# Another 2000 EVERYDAY English expressions translated into French

## Kit Bett

BloodSwEaTandTears

## Acknowledgements

I would like to thank **Véronique Davis** for translating these expressions. Véronique was born and brought up in Paris and graduated in English at the Paris 7 University. For several years she worked for the British Council. In 1995 she came to England and trained at Oxford to become a language teacher. Today she is a Tutor at the Oxford University Language Centre.

I would also like to thank **John Dickinson** for his help with setting up the website and with the publication of this book.

© Kit Bett 2013

The moral rights of the author have been asserted

All rights reserved.

No part of this publication may be reproduced, stored in a retrieval system, or transmitted, in any form or by any means, without the prior permission in writing of the publisher, or as expressly permitted by law, or under terms agreed with the appropriate reprographics rights organization.

ISBN 978-1-291-44615-9

Designed and typeset by John Dickinson www.johnddesign.co.uk

## Module 285

| | |
|---|---|
| It was easy as ABC | *C'était simple comme bonjour* |
| I can't abide the man | *Je ne peux pas supporter ce type* |
| I shall do it to the best of my ability | *Je ferai de mon mieux* |
| She was a very able person | *C'était une personne très compétente* |
| I need six able-bodied fellows | *J'ai besoin de six costauds* |
| I've had about enough | *Je commence à en avoir assez* |
| How about a coffee? | *Et si on prenait un café ?* |

## Module 286

| | |
|---|---|
| It's there or thereabouts | *C'est quelque part par là* |
| He's not above playing with the children | *Il ne dédaigne pas de jouer avec les enfants* |
| Heavens above! | *Grands Dieux !* |
| For more information see above | *Pour de plus amples informations, voir ci-dessus* |
| Absence makes the heart grow fonder | *L'éloignement renforce les sentiments* |
| She's very absent-minded | *Elle est très étourdie* |
| It was made abundantly clear to him | *On lui avait expliqué clairement* |

## Module 287

| | |
|---|---|
| I think she's abusing her position | *Je crois qu'elle abuse de son pouvoir* |
| By all accounts he was away at the time | *De toute évidence il était absent à ce moment là* |
| It was an accident waiting to happen | *Ça devait arriver* |

| | |
|---|---|
| On no account should you go | *Il n'est pas question que tu y ailles* |
| She acquitted herself well | *Elle s'en est bien tirée* |
| All aboard please! | *En voiture s'il vous plaît!* |
| He was about to be shot | *On allait le descendre* |

### Module 288

| | |
|---|---|
| She's made an about-face | *Elle a fait volte-face* |
| She was totally absorbed in the book | *Elle était complètement prise par son livre* |
| He has a north-country accent | *Il a l'accent du nord* |
| I went of my own accord | *J'y suis allé de mon propre gré* |
| Mighty oaks from acorns grow | *Petit poisson deviendra grand* |
| Don't act the fool! | *Ne fais pas l'abruti!* |
| Actions speak louder than words | *Les actes en disent plus que les mots* |
| In addition, he stole a wallet | *En plus, il a volé un portefeuille!* |

### Module 289

| | |
|---|---|
| He's finding it difficult to adjust | *Il a du mal à s'adapter* |
| There's too much admin | *Il y a trop de paperasse* |
| She did not respond to his advances | *Elle n'a pas répondu à ses avances* |
| My advice is: don't | *Je vous le déconseille* |
| He was having an affair | *Il avait une liaison* |
| There was no malice aforethought | *Il n'y avait pas préméditation* |
| I'm afraid not | *J'ai bien peur que non* |
| She's suffering from the after-effects | *Elle souffre du contre coup* |

## Module 290

| | |
|---|---|
| It leaves a nasty after-taste | Ça vous laisse un goût amer dans la bouche |
| It took an age | Ça a pris des heures |
| That was years ago | C'était il y a longtemps |
| Are we all agreed? | On est tous d'accord? |
| The concert was in aid of the blind | Le concert était au profit des aveugles |
| The plan was a bit airy-fairy | Le projet était un peu farfelu |
| No point in being alarmist | Ce n'est pas la peine de dramatiser |
| She knew all along | Elle le savait depuis le début |

## Module 291

| | |
|---|---|
| It went off with an almighty bang | Ça a pété un grand coup |
| We had no alternative | Nous n'avions pas d'autre solution |
| You are not altogether wrong | Tu n'as pas tout à fait tort |
| It was a rather amateurish effort | C'était du travail d'amateur |
| Please don't take it amiss | Je t'en prie, ne le prends pas mal |
| What it amounts to is this | Voilà à quoi ça revient |
| In the final analysis | En fin de compte |
| Be an angel and pass the salt | Sois un ange, passe moi le sel |

## Module 292

| | |
|---|---|
| He was slow to anger | Il en fallait beaucoup pour qu'il se mette en colère |
| He was a bit of an anorak | Il était un peu ringard |
| She was anything but | Elle était tout sauf ça |

| | |
|---|---|
| It doesn't apply in this case | *Dans ce cas-là ce n'est pas approprié* |
| He was apt to lose his temper | *Il avait tendance à se mettre en colère* |
| I am not going to argue the toss | *Je ne vais pas chipoter* |
| The topic may not arise | *Il se peut que la question ne soit pas soulevée* |

### Module 293

| | |
|---|---|
| It usually snows around January | *Généralement, il neige aux alentours du mois de janvier* |
| I will arrange for a taxi | *Je commanderai un taxi* |
| Appearances are deceptive | *Il ne faut pas se fier aux apparences* |
| How do you arrive at that? | *Comment en arrives-tu là?* |
| He has the art of making you happy | *Il a l'art de vous rendre heureux* |
| You should be ashamed of yourself | *Tu devrais avoir honte* |
| Can I ask you a favour? | *Je peux te demander un service?* |

### Module 294

| | |
|---|---|
| I hope you're not casting aspersions | *J'espère que tu n'es pas en train de médire* |
| It's time she asserted herself | *Il serait temps qu'elle prenne de l'assurance* |
| They were a strange assortment | *Ils étaient bizarrement assortis* |
| You mustn't assume anything | *N'en déduis rien* |
| The hammer seems to have gone astray | *On dirait que le marteau a disparu* |
| She suffers from panic attacks | *Elle est sujet à des crises de panique* |

| | |
|---|---|
| That's not automatically the case | Ce n'est pas systématiquement le cas |
| It was all to no avail | Tout cela était en vain |

## Module 295

| | |
|---|---|
| He faced an avalanche of protest | Il a fait face à une avalanche de protestations |
| Three times a week on average | Trois fois par semaine en moyenne |
| I'm not aware of any problem | Je ne vois pas où est le problème |
| She frittered her time away | Elle a gaspillé son temps |
| They are going to have to axe the work-force | Il va falloir qu'ils réduisent la main d'oeuvre |
| We'll be glad to see the back of him | On sera content quand il ne sera plus là |
| I've something at the back of my mind | J'ai quelque chose derrière la tête |
| We will need his full backing | On aura besoin de tout son soutien |

## Module 296

| | |
|---|---|
| He comes from a very different background | Il vient d'un milieu très différent |
| They gave us virtually no backup | Ils ne nous ont pour ainsi dire pas soutenus |
| She was in a very bad way | Elle était dans un très mauvais état |
| It's baking outside today | Il fait une chaleur à crever dehors aujourd'hui |
| On balance I prefer the cinema | Tout bien pesé, je préfère le cinéma |
| He jumped on the bandwagon | Il a pris le train en marche |

## Module 297

| | |
|---|---|
| I wouldn't bank on it | *Je n'y compterais pas* |
| His bark is worse than his bite | *Il aboie plus fort qu'il ne mord* |
| She's got me over a barrel | *Elle me tient à sa merci* |
| Don't throw the baby out with the bathwater | *Il ne faut pas jeter le bébé avec l'eau du bain* |
| It was a battle to get him to come | *On a dû se battre pour qu'il vienne* |
| The little girl was bawling her eyes out | *La petite fille gueulait comme un putois* |
| Bear in mind that I shan't be there to help you | *N'oublie pas que je ne serai pas là pour t'aider* |

## Module 298

| | |
|---|---|
| I don't think that has any bearing on the matter | *Je crois que ça n'a rien à voir* |
| Do you know what has become of him? | *Savez-vous ce qu'il est devenu ?* |
| You must learn to behave yourself | *Il faut que tu apprennes à bien te tenir* |
| Behind every good man there's a good woman | *Derrière chaque grand homme il y a une femme qui sommeille* |
| He's living in a world of make-believe | *Il vit dans un monde imaginaire* |
| There's no point in belly-aching about it | *Il n'y a pas de quoi ronchonner* |
| We mustn't bend the rules | *Il ne faut pas enfreindre les règles* |

## Module 299

| | |
|---|---|
| She must simply make the best of it | *Elle doit simplement faire de son mieux* |

# Modules 297 – 301

| | |
|---|---|
| It's possible, but I wouldn't bet on it | *C'est possible mais je n'y mettrai pas ma main à couper* |
| You'd better not come | *Tu n'as pas intérêt à venir* |
| I think it's important to do one's bit | *Je crois qu'il est important d'y mettre du sien* |
| We must fight to the bitter end | *Il faut que l'on se batte jusqu'au bout* |
| That earned him a black mark | *Ça lui a nui* |
| Look what that blasted dog has done now! | *Regarde ce que ce foutu chien a fait!* |
| Let's go out in a blaze of glory | *Partons en pleine gloire* |
| Our prospects are pretty bleak | *On a peu de chance* |
| No point in bleating about it | *Il n'y a pas de quoi se lamenter* |

### Module 300

| | |
|---|---|
| My heart bleeds for you | *Mon coeur saigne pour vous* |
| She'll bless you for this | *Elle va te bénir* |
| It's turned out to be a blessing | *Cela s'est avéré être une bénédiction* |
| I think we're going up a blind alley | *Je crois que nous sommes dans une impasse* |
| He had a mental block | *Il a fait un blocage* |
| It's like getting blood out of a stone | *C'est comme si on parlait à un mur* |
| In the end blood is thicker than water | *La voix du sang est la plus forte* |
| She's really blossomed at school | *Elle s'est vraiment épanouie à l'école* |

### Module 301

| | |
|---|---|
| It was a tremendous blow for him | *Ça a été un énorme coup dur pour lui* |
| She was a bit of a blue-stocking | *C'était un bas-bleu* |

9

| | |
|---|---|
| I'm afraid I'm going to have to be blunt | *Désolé mais je vais devoir être franc* |
| He was all bluster | *C'était un fanfaron* |
| There will be redundancies across the board | *Il va y avoir des licenciements dans tout le personnel* |
| You can tell by his body language | *On le voit bien à son langage corporel* |
| The mind boggles | *On croit rêver* |

### Module 302

| | |
|---|---|
| She was as bold as brass | *Elle était culottée* |
| He made a bolt for the door | *Il a fait un bond vers la porte* |
| It was a tremendous boost to his confidence | *Ça a terriblement renforcé sa confiance en lui* |
| He turned out to be a born leader | *Il s'est avéré être un meneur né* |
| I think we are on borrowed time | *Je crois que nous n'en avons plus pour longtemps* |
| You must let him know who's boss | *Fais-lui savoir qui est le patron* |
| She's really made a botch of it | *Elle a vraiment bâclé le travail* |

### Module 303

| | |
|---|---|
| He simply can't be bothered | *Il n'en a rien à faire* |
| I'm well and full of bounce | *Je suis en pleine forme* |
| She has a very bouncy personality | *Elle est très vive* |
| It's absolutely bound to happen | *Il est certain que ça va arriver* |
| We must brace ourselves for the worst | *Il faut que l'on se prépare au pire* |
| She's trying to brainwash him | *Elle essaye de lui bourrer le crâne* |

Modules 302 – 306

| | |
|---|---|
| I've just had a brainwave! | *Je viens d'avoir une idée de génie* |
| I'm going to have to take a break | *Il va falloir que je fasse une pause* |

### Module 304

| | |
|---|---|
| I think she's reached breaking-point | *Je crois qu'elle est au bout du rouleau* |
| Come on, give me a break | *Je t'en prie, fiche-moi la paix!* |
| Please don't breathe a word about it | *Je t'en prie, n'en dis pas un mot* |
| They don't breed them like that any more | *On n'en fait plus des comme ça* |
| I think there's trouble brewing | *Je crois qu'il y de l'orage dans l'air* |
| It must be brought home to him | *On doit lui faire voir les choses comme elles sont* |
| I'm going to be brutally frank | *Je vais être très franche* |

### Module 305

| | |
|---|---|
| She's trying to buck the trend | *Elle essaye de se rebiffer contre la tendance générale* |
| He's made his mind up, he won't budge | *Il a pris sa décision et il n'en démordra pas* |
| At least it's something to build on | *Au moins c'est un début* |
| It's cheaper to buy in bulk | *Acheter en gros revient moins cher* |
| Her sister used to bully him | *Sa soeur le malmenait* |
| He came down with a bump | *Il est brutalement revenu à la réalité* |
| She was the best of the bunch | *Elle était la meilleure du lot* |

### Module 306

| | |
|---|---|
| Bung me that towel, would you? | *File-moi cette serviette s'il te plaît* |
| I don't want to be a burden | *Je ne veux pas être un fardeau* |

| | |
|---|---|
| I'm burning to see the photos | *J'ai hâte de voir les photos* |
| She was bursting with enthusiasm | *Elle débordait d'enthousiasme* |
| It was a nasty business | *C'était une sale affaire* |
| Business is booming | *Les affaires prospèrent* |
| It's none of his business | *Ce n'est pas ses affaires* |
| I miss the hustle and bustle | *La vie trépidante me manque* |

### Module 307

| | |
|---|---|
| He's an old busybody | *C'est un vrai fouineur* |
| Tired? Anything but | *Fatigué? Pas du tout* |
| I miss the buzz of the town centre | *L'animation du centre-ville me manque* |
| I like to be by myself | *J'aime être seul* |
| She was a byword for integrity | *Elle était l'intégrité même* |

### Module 308

| | |
|---|---|
| That's a cack-handed way of doing things | *C'est une façon maladroite de faire les choses* |
| Can I cadge a lift? | *Pouvez-vous me déposer?* |
| He was very cagey when I asked him | *Il s'est montré très méfiant lorsque je lui ai demandé* |
| What a calamity! | *Quelle calamité!* |
| It's the call of the unknown | *C'est l'attrait de l'inconnu* |
| She'll help you all she can | *Elle vous aidera de son mieux* |
| She's always very cool and calculated | *Elle est toujours très calme et réfléchie* |
| It was only calf-love | *Ce n'était qu'un amour de jeunesse* |

## Module 309

| | |
|---|---|
| What time do you call this? | *Tu as vu l'heure?* |
| There's not much call for it these days | *Ce n'est pas très prisé ces temps-ci* |
| There's always a grown-up within call | *Il y a toujours un adulte à proximité en cas de besoin* |
| It's the calm before the storm | *C'est le calme avant la tempête* |
| He came over well in his speech | *Son discours l'a mis en valeur* |
| He's in the socialist camp I think | *Je pense qu'il est du côté des socialistes* |
| He cannibalized his old lawn-mower | *Il a démonté sa tondeuse pour récupérer les pièces* |

## Module 310

| | |
|---|---|
| She's very canny with her money | *Elle regarde à la dépense* |
| He did a lot of canvassing before the election | *Il a fait beaucoup de démarchage avant les élections* |
| She has a capacity for annoying people | *Elle a le don d'irriter les gens* |
| You must make capital out of the situation | *Il faut que tu profites de la situation* |
| The picture captured my imagination | *L'image a éveillé mon imagination* |
| She was captivated by the film | *Le film la captivait* |
| He's captured the feel of Provence | *Il a saisi l'essence même de la Provence* |

## Module 311

| | |
|---|---|
| He's a bit of a card | *C'est un petit rigolo* |
| It's certainly on the cards | *C'est bien possible* |

| | |
|---|---|
| Would you take care of my dog for me? | *Tu ne pourrais pas t'occuper de mon chien pour moi?* |
| She has a carefree personality | *Elle est de tempérament insouciant* |
| It was sheer carelessness | *C'était purement et simplement de la négligence* |
| It was very much a carrot and stick policy | *C'était la politique de la carotte et du bâton* |
| It looks like I'm going to have to carry the can | *On dirait que je vais devoir payer les pots cassés* |

### Module 312

| | |
|---|---|
| She was quite carried away by his speech | *Elle était assez emballée par son discours* |
| One has to carry out orders | *Il faut exécuter les ordres* |
| Don't keep putting the cart before the horse | *Ne mets pas la charrue avant les boeufs* |
| He carved out a career for himself | *Il a fait carrière tout seul* |
| He argued the case very well | *Il a très bien défendu l'affaire* |
| She wants cash, not a cheque | *Elle veut du liquide, pas un chèque* |
| She's trying to cash in on the situation | *Elle essaye de profiter de la situation* |
| He's got a cast-iron case | *Il a un cas en béton* |

### Module 313

| | |
|---|---|
| No use casting about for an excuse | *Pas la peine de chercher une excuse* |
| Dress is casual smart | *Une tenue vestimentaire décontractée mais élégante est de rigueur* |
| There was a whole catalogue of errors | *Il y avait un tas d'erreurs* |

Modules 312 – 315

| | |
|---|---|
| She was catapulted into success | *Elle a été propulsée vers le succés* |
| I only just caught sight of him | *Je l'ai tout juste aperçu* |
| I'm sorry, I didn't catch your name | *Désolé, je n'ai pas saisi votre nom* |
| He was very slow to catch on | *Il était dur à la détente* |
| It was a very catchy tune | *C'était un air qui vous restait dans la tête* |

### Module 314

| | |
|---|---|
| We cater for all comers | *On est là pour satisfaire tout le monde* |
| She had the gift of being able catnap | *Elle avait le don de pouvoir faire des to micro-siestes* |
| It was all in the cause of justice | *Tout ça était pour la bonne cause* |
| Please don't stand on ceremony | *Je t'en prie, pas de chichis* |
| Will that be all right? Certainly | *Ça ira? Sans aucun doute* |
| Think of it as a challenge | *Voyez ça comme à un défi* |
| Did he win? Not by a long chalk | *Est-ce qu'il a gagné? Loin de là* |

### Module 315

| | |
|---|---|
| He was a great champion of freedom | *C'était un défenseur de la liberté* |
| I think we may chance it | *Je crois qu'on va tenter notre chance* |
| I'm coming on the off chance he will be there | *Je viens au cas où il serait là* |
| It's changed hands several times | *Ça a changé de mains plusieurs fois* |
| He's had to change his tune | *Il a dû changer de disque* |
| Don't change the subject | *Ne change pas de sujet* |
| I want chapter and verse on the matter | *Je veux tous les détails à ce sujet* |

| | |
|---|---|
| That was very out of character | Ce n'était pas lui du tout |

## Module 316

| | |
|---|---|
| Who's in charge here? | C'est qui le patron ici? |
| She lived a charmed existence | Elle était bénie des dieux |
| We're chasing our tails | On se mord la queue |
| She's a real chatterbox | C'est une vraie pipelette |
| Up to what time can we check in? | Jusqu'à quelle heure peut-on enregistrer les bagages? |
| She's a cheery old soul | C'est un joyeux drille |

## Module 317

| | |
|---|---|
| He was paid chicken-feed | Il était payé au lance-pierre |
| They had a chilly reception | On les a reçus froidement |
| Never mind, keep your chin up | Qu'à cela ne tienne, garde la tête haute |
| To be fair, he took it on the chin | Il faut bien reconnaître qu'il s'en est pris plein la tronche |
| She would keep chipping in all the time | Elle mettait constamment son grain de sel |
| That was his claim to fame | C'était son titre de gloire |
| She clammed up immediately | Elle l'a bouclée immédiatement |

## Module 318

| | |
|---|---|
| We must clamp down on late-comers | Il faut que nous soyons fermes avec les retardataires |
| I'm afraid the colours will clash | Désolé mais les couleurs n'iront pas ensemble |

| | |
|---|---|
| They are very class-conscious | *Ils sont très conscients des différences entre les classes sociales* |
| His was a class act | *Il avait la classe* |
| It seems that the information is classified | *Il paraît que ces informations sont secrètes* |
| He got clean away | *Il s'est enfui sans encombre* |

### Module 319

| | |
|---|---|
| It needs to be a clean break | *Il faut tourner la page* |
| Make sure you clean up afterwards | *Fais en sorte de tout nettoyer après* |
| Let me make myself absolutely clear | *Laissez-moi être bien clair* |
| He's too clever by half | *C'est un petit impertinent* |
| She's a social climber | *C'est une arriviste* |
| Let's try to clinch the deal today | *Essayons de conclure l'affaire aujourd'hui* |
| She spoke in a very clipped voice | *Elle a parlé d'un ton très sec* |
| She must be watched round the clock | *On doit garder l'oeil sur elle 24 heures sur 24* |

### Module 320

| | |
|---|---|
| The whole place runs like clockwork | *Tout marche comme sur des roulettes* |
| The two were always very close | *Ils ont toujours été très proches* |
| It looks very different at close quarters | *De près ça a l'air très différent* |
| Let's hope it brings closure | *Espérons que la page est tournée* |
| Is the coast clear? | *Est-ce que le champ est libre?* |
| He cobbled together an excuse | *Il a trouvé une excuse quelconque* |
| What a complete cock-up! | *Quel fiasco!* |

| | |
|---|---|
| There's no point in coddling him | *Inutile de le dorloter* |

### Module 321

| | |
|---|---|
| What a load of codswallop | *Ce ne sont là que des foutaises!* |
| He got cold feet at the last moment | *Il s'est dégonflé à la dernière minute* |
| They gave him the cold shoulder | *Ils l'ont snobé* |
| She was cold-bloodedly murdered | *Elle a été tuée de sang froid* |
| I need time to collect myself | *J'ai besoin de temps pour reprendre mes esprits* |
| There's no colour-prejudice | *Il n'y a pas de préjugés raciaux* |
| I really don't like the colour scheme | *Je n'aime pas ce mélange de couleurs* |

### Module 322

| | |
|---|---|
| I'm afraid I'm committed | *Je regrette, je suis déjà pris* |
| The scarf comes in three colours | *L'écharpe existe en trois couleurs* |
| I don't know what came over me | *Je ne sais pas ce qui m'a pris* |
| It must be a great comfort for her | *Ça doit être un grand réconfort pour elle* |
| I'm not prepared to comment right now | *Je n'ai pas de commentaires à faire pour l'instant* |
| If only he would commit | *Si seulement il s'engageait* |
| I don't have much in common with him | *Je n'ai pas grand-chose en commun avec lui* |

### Module 323

| | |
|---|---|
| Will you keep me company this evening? | *Me tiendrez-vous compagnie ce soir?* |
| I'm a very competitive person | *J'ai un esprit de compétition très développé* |

Modules 321 – 325

| | |
|---|---|
| You're not comparing like with like | *Tu ne peux pas comparer* |
| Don't look so concerned | *N'aie pas l'air si inquiet* |
| We will have to make concessions | *Il faudra que l'on fasse des concessions* |
| Don't jump to conclusions | *Ne tirez pas de conclusions hâtives* |
| Let's have some concrete proposals | *Faisons des propositions concrètes* |
| She has a very condescending manner | *Elle a une attitude très condescendante* |

## Module 324

| | |
|---|---|
| You can go on one condition | *Tu peux y aller à une condition* |
| I have a confession to make | *J'ai un aveu à te faire* |
| I've missed my connection | *J'ai raté ma correspondance* |
| She's very well connected | *Elle a des relations* |
| I always connect Paris with springtime | *J'associe toujours Paris au printemps* |
| It's been on my conscience | *Ça m'est resté sur la conscience* |
| You will have to take the consequences | *Tu devras en accepter les conséquences* |
| Considering the circumstances, he did well | *Compte tenu des circonstances, il s'en est bien tiré* |

## Module 325

| | |
|---|---|
| He was consumed with envy | *Il était rongée par la jalousie* |
| It was no contest | *Il n'y avait pas de doute* |
| You've taken this out of context | *Vous avez sorti ça du contexte* |
| His story sounded very contrived | *Son histoire avait l'air un peu tirée par les cheveux* |

19

| | |
|---|---|
| We've tried all the conventional means | On a essayé tous les moyens conventionnels |
| You've made a convert | Tu m'as converti |
| Her argument lacked conviction | Son propos manquait de conviction |

### Module 326

| | |
|---|---|
| He's cooked up some weird story | Il a concocté une drôle d'histoire |
| We're just going to have to cope | Il va falloir que l'on s'adapte |
| I think we may just have turned the corner | Je pense que l'on vient de tourner la page |
| She was always very correct | Elle était toujours très correcte |
| That may have cost him his job | Ça lui a peut-être coûté son boulot |
| He was slow to cotton on | Il était long à la détente |
| I don't think we can really count on him | Je ne pense pas que l'on puisse vraiment compter sur lui |

### Module 327

| | |
|---|---|
| It's courage that counts | C'est le courage qui compte |
| They're a very jolly couple | C'est un couple charmant |
| One must have the courage of one's convictions | Il faut avoir le courage de ses opinions |
| They signed up as a matter of course | Ils se sont inscrits systématiquement |
| Will you cover for me while I'm away? | Tu me remplaceras pendant mon absence? |
| Will you have a crack at it? | Vous voulez tenter le coup? |
| I think it's a crackpot idea | Je pense que c'est une idée loufoque |

| | |
|---|---|
| Don't let me cramp your style | *Surtout, que je ne te prive pas de tes moyens* |

### Module 328

| | |
|---|---|
| She craned her neck to see. | *Elle a tendu le cou pour mieux voir* |
| He crashed out | *Il est tombé raide* |
| It's just a craze, it won't last. | *C'est juste une tocade, ça ne durera pas* |
| She deserves at least some credit | *Elle mérite au moins un peu de reconnaissance* |
| He gives me the creeps | *Il me dégoûte* |
| They're on the crest of a wave | *Tout leur réussit* |
| He's alive but his situation is critical | *Il est vivant mais son état est critique* |
| The word keeps cropping up | *Le même mot revient tout le temps* |

### Module 329

| | |
|---|---|
| She came a cropper | *Elle s'est cassée la figure* |
| Please don't be cross with me | *S'il te plaît, ne sois pas fâché contre moi* |
| It never once crossed my mind | *Ça ne m'est pas venu une seule fois à l'idée* |
| We need to do a cross-check | *Nous devons faire une deuxième vérification* |
| I think we are at a crossroads | *Je crois que nous sommes à un carrefour* |
| There's no need to crow about it | *Il n'y a pas de quoi pavoiser* |
| I'll go if it comes to the crunch | *J'irai si on en arrive là* |
| That's the crux of the matter | *C'est le coeur du sujet* |

## Module 330

| | |
|---|---|
| It's no use crying over spilt milk | *Ce qui est fait est fait* |
| It's a far cry from what we're used to | *C'est bien loin de ce à quoi nous avons été habitués* |
| She came in, right on cue | *Elle est arrivée pile au bon moment* |
| What you say cuts both ways | *Ce que vous dites est à double tranchant* |
| I don't wish to curb your activities | *Je ne voudrais pas freiner votre élan* |
| Curiosity killed the cat | *La curiosité est un vilain défaut* |

## Module 331

| | |
|---|---|
| He's cut off his nose to spite his face | *Il a scié la branche sur laquelle il était assis* |
| I'm afraid it's curtains for him | *J'ai bien peur qu'il ne soit fichu* |
| They're at the cutting edge of technology | *Ils sont à la pointe de la technologie* |
| We must cut our losses | *Il faut limiter les dégâts* |
| We had to cut short our holiday | *On a dû écourter nos vacances* |
| Everything is selling at cut-throat prices | *Tout se vend au rabais* |
| Let me see if I can dab it off | *Voyons voir si je peux l'enlever en tamponnant* |
| He dabbled in stocks and shares | *Il boursicotait* |

## Module 332

| | |
|---|---|
| Lady, I don't give a damn | *Je n'en ai rien à faire ma bonne dame* |
| That rather dampened his enthusiasm | *Cela l'a plus ou moins refroidi* |

| | |
|---|---|
| He's a bit of a dandy | *C'est une sorte de dandy* |
| I think he's off the danger list | *Je crois qu'il est hors de danger* |
| There's no danger of that happening | *Il n'y a pas de danger que ça arrive* |
| How dare you! | *Comment oses-tu?* |

### Module 333

| | |
|---|---|
| I dare say you're right | *Je dois admettre que vous avez raison* |
| She's a bit of a dark horse | *Il y a quelque chose de mystérieux chez lui* |
| You really are a darling | *Tu es vraiment un amour* |
| He cut quite a dash at the ball | *Il a fait de l'effet au bal* |
| He made a dash for it | *Il a pris ses jambes à son cou* |
| I'll put that date in my diary | *J'écrirai cette date dans mon agenda* |
| It's only just dawned on me | *Je viens juste de réaliser* |

### Module 334

| | |
|---|---|
| He practiced day in day out | *Il s'est entraîné jour après jour* |
| One of these days he'll fall over | *Un de ces quatre il va tomber* |
| At last I begin to see daylight | *Je commence enfin à y voir clair* |
| She's a dead loss | *Elle n'est bonne à rien* |
| He's dead from the neck upwards | *Il n'a rien dans le ciboulot* |
| Negotiations have reached deadlock | *Les négociations sont au point mort* |
| There's none so deaf as those who will not hear | *Il n'est pire sourd que celui qui ne veut pas entendre* |

## Module 335

| | |
|---|---|
| I'm afraid it's falling on deaf ears | *J'ai bien peur que ça ne tombe dans l'oreille d'un sourd* |
| A deal is a deal | *Un marché c'est un marché* |
| That will cost him dear | *Ça va lui coûter cher* |
| I think she's at death's door | *Je pense qu'elle est à l'article de la mort* |
| That's debateable | *Ça se discute* |
| I will always be in your debt | *Je vous serai toujours redevable* |
| I think we're deceiving ourselves | *Je crois que nous nous faisons des illusions* |
| He's a man of decision | *C'est un homme de décisions* |

## Module 336

| | |
|---|---|
| I have to declare an interest | *Je dois déclarer mon intérêt* |
| I must decline your offer | *Je dois décliner votre offre* |
| He was a much decorated soldier | *C'était un soldat très décoré* |
| She was very dedicated | *Elle était très dévouée* |
| How on earth do you deduce that? | *Comment diable en déduis-tu cela?* |
| She was thrown in at the deep end | *Elle a été tout de suite mise dans le bain* |

## Module 337

| | |
|---|---|
| Still waters run deep | *Il faut se méfier de l'eau qui dort* |
| Don't be so defeatist | *Ne sois pas si défaitiste* |
| Your attitude is indefensible | *Votre attitude est indéfendable* |
| Are you definitely coming? | *Êtes-vous sûr de venir?* |

| | |
|---|---|
| I defy you to prove otherwise | *Je vous mets au défi de prouver le contraire* |
| A certain degree of independence is good | *Un certain degré d'indépendance est une bonne chose* |

### Module 338

| | |
|---|---|
| She's getting there by degrees | *Elle y arrive petit à petit* |
| You did that deliberately | *Tu l'as fait exprès* |
| You take a delight in being rude | *Tu prends un malin plaisir à être impoli* |
| I am deluged with junk-mail | *Je suis inondé de courrier publicitaire* |
| You should be under no delusions | *Tu ne devrais te faire aucune illusion* |
| There's no time for delay | *Il n'y a pas temps à perdre* |
| It's a very demanding position | *C'est un poste très exigeant* |

### Module 339

| | |
|---|---|
| He demolished my argument | *Il a détruit mon argument* |
| There's no denying it | *On ne peut pas le nier* |
| It all depends | *Ça dépend* |
| She's really depressed about it | *Ça la déprime vraiment* |
| We need an in-depth analysis | *Nous avons besoin d'une analyse approfondie* |
| I'm completely out of my depth | *Je nage complètement* |
| He's descended from the Huguenots | *Il descend des Huguenots* |

### Module 340

| | |
|---|---|
| He deserves whatever he gets | *Il a ce qu'il mérite* |
| She had designs on Mary's husband | *Elle avait des vues sur le mari de Marie* |

| | |
|---|---|
| It was by accident rather than design | *C'était plus par hasard qu'à dessein* |
| Don't despair, something will turn up | *Ne désespère pas, quelque chose va se passer* |
| She seemed rather detached about it | *Elle avait l'air assez détachée à ce sujet* |

### Module 341

| | |
|---|---|
| I'm afraid the devil is in the detail | *Le diable est dans les détails* |
| I'm not going to go into detail now | *Je ne vais pas rentrer dans les détails maintenant* |
| He was devastated by the news | *Il a été dévasté par la nouvelle* |
| We must help the developing nations | *Nous devons aider les pays en voie de développement* |
| It was a dialogue of the deaf | *C'était un dialogue de sourds* |
| I'm afraid it's no dice | *Désolé, il n'en est pas question* |

### Module 342

| | |
|---|---|
| He was dying for a cigarette | *Il crevait d'envie de fumer une cigarette* |
| Too late, the die is cast | *Trop tard, les dés sont jetés* |
| I'm afraid I must beg to differ | *Désolé mais je ne partage pas votre opinion* |
| It makes no difference to me at all | *Ça m'est complètement égal* |
| She was having a dig at him | *Elle lui lançait une pique* |
| Don't be so dim | *Ne sois pas si bouché* |

### Module 343

| | |
|---|---|
| I fancy a dip in the river | *J'ai envie de faire trempette dans la rivière* |
| He spoke directly and to the point | *Il est allé droit au but* |

# Modules 341 – 345

| | |
|---|---|
| I beg to disagree | *Permettez-moi de ne pas être d'accord* |
| It was a disaster waiting to happen | *Une catastrophe devait arriver* |
| Don't let me discourage you | *Je ne voudrais surtout pas vous décourager* |
| She was the soul of discretion | *Elle était la discrétion même* |
| I'm sorry but it's not open to discussion | *Désolé mais ça ne se discute pas* |
| You're a disgrace to your family | *Tu es la honte de la famille* |

## Module 344

| | |
|---|---|
| He turned away in disgust | *Il s'est détourné l'air dégoûté* |
| She left, to my dismay | *Elle est partie à ma grande consternation* |
| Every kind of fruit was on display | *Toutes sortes de fruits étaient exposés à la vue* |
| That's open to dispute | *C'est sujet à la discussion* |
| I saw him at a distance | *Je l'ai vu de loin* |
| The twins were virtually indistinguishable | *Les jumeaux étaient pratiquement identiques* |
| He had a very distinguished career | *Il a fait une carrière remarquable* |
| She was distraught | *Elle était désespérée* |

## Module 345

| | |
|---|---|
| I've just had some disturbing news | *Je viens d'avoir des nouvelles inquiétantes* |
| We must make a last ditch effort | *Il faut que nous fassions l'effort jusqu'au bout* |
| He's a bit of a ditherer | *Il est un peu indécis* |

27

| | |
|---|---|
| It was a policy of divide and rule | *Le principe était de diviser pour mieux régner* |
| He did very well out of the affair | *Il s'en est bien tiré* |
| That's just what the doctor ordered | *C'est exactement ce qu'il fallait* |
| That's a crafty dodge | *C'est un drôle de tour* |
| Love me, love my dog | *Prends-moi comme je suis* |

### Module 346

| | |
|---|---|
| Can I have a doggy-bag? | *Puis-je avoir un doggy-bag?* |
| She was a bit of a do-gooder | *C'était une bonne âme* |
| He was at death's door | *Il était a l'article de la mort* |
| He died with his boots on | *Il est mort à la tâche* |
| She gave me a dirty look | *Elle m'a regardé de travers* |
| Everyone must do his bit | *Chacun doit y mettre du sien* |
| He's my next door neighbour | *C'est mon voisin d'à côté* |
| I think we'll have to double back | *Je crois que nous devrions rebrousser chemin* |

### Module 347

| | |
|---|---|
| They were doubled up with laughter | *Ils étaient pliés en deux* |
| I'm afraid he's going down hill fast | *J'ai bien peur qu'il ne soit sur la mauvaise pente* |
| Why drag that up? | *Pourquoi remettre ça sur le tapis?* |
| That's where I draw the line | *C'est là où je dis "halte"* |
| It was a very long drawn out explanation | *C'était une explication laborieuse* |

| | |
|---|---|
| I wouldn't dream of asking you to help | *Je ne me permettrai pas de te demander de m'aider* |

## Module 348

| | |
|---|---|
| The contributions came in dribs and drabs | *Les contributions sont arrivées au compte-gouttes* |
| Do you get my drift? | *Tu vois ce que je veux dire?* |
| What's the drill in these circumstances? | *Quelle est la marche à suivre dans ces circonstances?* |
| Drink up, it's eleven o'clock | *Finissez vos verres, il est onze heures, on ferme* |
| He was ready to leave at the drop of a hat | *Il était prêt à partir au pied levé* |

## Module 349

| | |
|---|---|
| I'll drop you at the station | *Je vous dépose à la gare* |
| I must have dropped off | *J'ai dû m'assoupir* |
| I was feeling drowsy | *J'avais envie de dormir* |
| I shall be glad when we reach dry land | *Je serai content lorsque nous aurons atteint la terre ferme* |
| What time are we due? | *A quelle heure sommes-nous attendus?* |
| I will come to the subject in due course | *J'y viendrai en temps voulu* |
| I feel so down in the dumps | *J'ai le moral à zéro* |

## Module 350

| | |
|---|---|
| She's a real dunce when it comes to maths | C'est un vrai cancre en maths |
| It looks like we're here for the duration | J'ai bien l'impression que nous allons être ici ad vitam aeternam |
| We need a little Dutch courage, I think. | Je crois que l'on a besoin d'un petit remontant |
| It's all double Dutch to me | Pour moi, c'est du charabia |
| Why dwell on the past? | Pourquoi insister sur ce qui est passé? |
| I don't think we should dwell on it | Je pense qu'il est inutile de revenir là-dessus |
| They wore each other's clothes | Elles s'échangeaient leurs vêtements |

## Module 351

| | |
|---|---|
| I've got my eagle eye on you | Je t'ai à l'oeil |
| She gave him an earful | Elle lui a cassé les oreilles |
| Don't panic, it's early days | Pas de panique, ce n'est que le début |
| They earned his respect | Ils ont gagné son estime |
| That quickly brought him down to earth | Ça lui a vite remis les pieds sur terre |
| I never feel at ease with him | Je ne me sens jamais à l'aise avec lui |

## Module 352

| | |
|---|---|
| Calmly now, take it easy | Du calme, ne t'énerve pas |
| Let's eat out this evening | Dînons dehors ce soir |
| He was a bit of an eavesdropper | Il avait l'oreille qui traînait |
| I think it's a false economy | Je pense que c'est une fausse économie |

Modules 350 – 354

| | |
|---|---|
| I think they have the edge on us | *Je crois qu'ils ont un avantage sur nous* |
| It's all a question of cause and effect | *Tout est affaire de cause à effet* |
| It's a chicken and egg question | *C'est l'histoire de la poule et de l'œuf* |
| She was in her element | *Elle était dans son élément* |

## Module 353

| | |
|---|---|
| This is the eleventh hour | *C'est à la dernière minute* |
| Don't please embark on a long explanation | *Je t'en prie, ne pars pas dans de longues explications* |
| Don't come back empty-handed | *Ne reviens pas les mains vides* |
| It's very encouraging | *C'est très encourageant* |
| At the end of the day I think he's right | *Finalement, je pense qu'il a raison* |
| I think the end result will be the same | *Je crois que le résultat sera le même* |

## Module 354

| | |
|---|---|
| We laid them out end to end | *On les a mis bout à bout* |
| We must put an end to these rumours | *Il faut que nous mettions fin à ces rumeurs* |
| The story had a happy ending | *L'histoire s'est bien terminée* |
| Why must we have these endless quarrels? | *Mais pourquoi devons-nous toujours avoir des querelles interminables?* |
| He had an engaging manner | *Il était charmant* |
| Please would you enlighten me | *Pourriez-vous m'éclairer s'il vous plaît?* |
| Stop it! Enough is enough | *Arrête! Ça suffit* |

## Module 355

| | |
|---|---|
| I believe in equal opportunity | *Je crois en l'égalité des chances* |
| To err is human, to forgive divine | *L'erreur est humaine, le pardon divin* |
| She must understand the error of her ways | *Elle doit reconnaître de ses erreurs* |
| It must have escaped his attention | *Ça a dû lui échapper* |
| The film is pure escapism | *Ce film est un vrai moment d'évasion* |
| I'm not especially interested | *Ça ne m'intéresse pas particulièrement* |
| She was not willing to espouse the cause | *Elle n'était pas prête à épouser cette cause* |
| It's hard to compete with the Establishment | *Il est difficile de rivaliser avec l'establishment* |

## Module 356

| | |
|---|---|
| She was held in high esteem | *On la tenait en haute estime* |
| Could you please give me an estimate | *Pourriez-vous me donner une estimation?* |
| Please stop your eternal interrupting | *Arrêtez d'interrompre constamment je vous prie* |
| We must consider the ethnic minorities | *Nous devons prendre en considération les minorités ethniques* |
| I think that's a bit of a euphemism | *Je pense que c'est un doux euphémisme* |
| Her enthusiasm quickly evaporated | *Son enthousiasme s'est vite dissipé* |

## Module 357

| | |
|---|---|
| Even so, I think we should at least try | *Quand bien même, je pense que nous devrions au moins essayer* |

Modules 355 – 359

| | |
|---|---|
| I suppose the odds are even | *Je suppose que les chances sont à peu près égales* |
| I can see it even now | *Je peux encore l' imaginer* |
| Wealth should be more evenly distributed | *Les richesses devraient être réparties plus équitablement* |
| In any event, we should be ready | *Nous devons être prêts à toute éventualité* |

### Module 358

| | |
|---|---|
| That was certainly an eventful evening | *C'était sans l'ombre d'un doute une soirée mouvementée* |
| Ever since, I have been on my guard | *Depuis ce jour je suis sur mes gardes* |
| Thank you ever so ever so much | *Mille fois merci* |
| He had his everyday clothes on | *Il portait ses vêtements de tous les jours* |
| Everywhere was closed | *Tout était fermé* |
| There was no evidence of a break-in | *Il n'y avait aucun signe d'éfraction* |
| Cookery is not an exact science | *La cuisine n'est pas une science exacte* |

### Module 359

| | |
|---|---|
| Exactly when did he arrive? | *Quand est-il arrivé exactement?* |
| You should set an example to your sister | *Tu devrais montrer l'exemple à ta soeur* |
| You've really excelled yourself this time | *Tu t'es vraiment surpassé cette fois* |
| The exception makes the rule | *C'est l'exception qui confirme la règle* |
| I really take exception to that | *Cela m'indigne vraiment* |
| Please may I be excused, miss? | *Puis-je être excusé Madame s'il vous plaît?* |

| | |
|---|---|
| We must all take more exercise | *On doit tous faire d'avantage d'exercice* |

**Module 360**

| | |
|---|---|
| I think we've exhausted all the possibilities | *Je crois que nous avons épuisé toutes les possibilités* |
| Don't make such an exhibition of yourself | *Ne te donne pas en spectacle* |
| What a miserable existence | *Quelle existence misérable* |
| Perhaps you'd like to expand on that | *Vous pourriez peut-être développer votre idée* |
| Well, what do you expect? | *A quoi tu t'attends?* |
| The results fell short of our expectations | *Les résultats sont restés au-dessous de notre attente* |

**Module 361**

| | |
|---|---|
| He ended up by being expelled | *Il a fini par être renvoyé* |
| You're not doing that at my expense | *Pas question que tu fasses ça à mes dépens* |
| Experience has shown that it won't | *L'expérience a prouvé le contraire* |
| I'm no expert but I've got plenty of common sense | *Je ne suis pas un spécialiste mais j'ai plein de bon sens* |
| She won't be able to explain away that | *Elle sera incapable de justifier cela* |
| Explain yourself! | *Expliquez-vous* |
| The actors are suffering from over-exposure | *Les acteurs souffrent d'une trop grande couverture médiatique* |

## Module 362

| | |
|---|---|
| He had a funny expression on his face | *Il avait une drôle d'expression sur le visage* |
| Yes, to a certain extent | *Oui, en quelque sorte* |
| It's a good idea to have a little extra | *Il est bon de toujours avoir une poire pour la soif* |
| There's no need to go to extremes | *Pas besoin d'aller jusque là* |
| My extremities were freezing | *J'avais les extrêmités gelées* |
| He's a bit of an extrovert | *Il est légèrement extraverti* |
| All eyes were on the leader | *Tous les yeux étaient tournés vers le chef* |

## Module 363

| | |
|---|---|
| I'll have to get my eye in | *Il faudra que j'y mette le nez.* |
| Be warned, I have my eye on you | *Attention, je t'ai à l'oeil!* |
| That programme was really an eye-opener | *Cette émission était une vraie révélation* |
| We will face that problem when it arises | *On fera face au problème quand il se présentera* |
| Face it, we've lost | *Regarde la réalité en face, nous avons perdu* |
| Time to face the music | *Il est temps de braver l'orage* |
| It's a fact of life | *C'est la vie* |

## Module 364

| | |
|---|---|
| I have, in fact, seen him before | *En fait, je l'ai déjà vu* |
| In point of fact you are correct | *En réalité vous avez raison* |
| There are several factors involved | *Il y a plusieurs facteurs en jeu* |

| | |
|---|---|
| Our hopes are fading | *Nos espoirs s'évanouissent* |
| She never fails to amuse | *Elle ne cessera jamais de m'amuser* |
| It's not for the faint-hearted | *Ce n'est pas pour les cœurs sensibles* |
| I want to do what's fair | *Je veux faire ce qui est juste* |
| She liked to play the fairy-godmother | *Elle aimait jouer la bonne fée* |

### Module 365

| | |
|---|---|
| I think he's just faking it | *Je crois qu'il fait simplement semblant* |
| I knew he'd fall for her | *Je savais bien qu'il en pincerait pour elle* |
| He got there under false pretences | *Il y est arrivé sous des prétextes fallacieux* |
| He longed for fame | *Il avait soif de gloire* |
| Familiarity breeds contempt | *La familiarité engendre le mépris* |
| I am not familiar with this piece | *Je ne connais pas bien ce passage* |
| He's very much a family man | *Il aime beaucoup la vie de famille* |
| I'm absolutely famished | *Je crève de faim* |

### Module 366

| | |
|---|---|
| She's one of his greatest fans | *C'est une de ses plus grandes fans* |
| A little of what you fancy does you good | *Un petit plaisir ne peut faire que du bien* |
| He's by far the tallest there | *Il est de loin le plus grand* |
| I think you've gone too far this time | *Cette fois je crois que tu es allé trop loin* |
| He repaired it after a fashion | *Il l'a réparé tant bien que mal* |
| He was a father-figure to them | *Il était pour eux une figure paternelle* |

| | |
|---|---|
| I'm unable to fathom what you're talking about | *Je ne comprends absolument rien à ce que vous racontez* |

## Module 367

| | |
|---|---|
| Do me a favour: open the door for me | *Fais-moi une faveur: ouvre-moi la porte* |
| I fear the worst | *Je crains le pire* |
| He's a feckless oaf | *C'est un incapable* |
| I really do feel for him | *Je compatis* |
| She doesn't feel up to it | *Elle ne s'en sent pas capable* |
| I can't seem to get the feel of it | *Je ne le sens pas* |
| Will you fetch me from the station? | *Tu viendras me chercher à la gare?* |
| The children were at fever pitch | *Les enfants étaient excités au plus haut point* |

## Module 368

| | |
|---|---|
| We'll share it fifty-fifty | *On fera cinquante-cinquante* |
| I think we have a fighting chance | *Je crois que l'on a une assez bonne chance* |
| He was a figure of fun | *C'était un guignol* |
| I've had my fill of their promises | *J'en ai assez de leurs promesses* |
| That should fit the bill | *Ça devrait faire l'affaire* |
| The weather has been filthy | *Le temps a été déplorable* |
| No, and that's final | *Non, point final* |

## Module 369

| | |
|---|---|
| Who's going to finance it? | *Qui va payer?* |
| I'll be fine on my own | *Je me débrouillerai très bien seul* |

| | |
|---|---|
| He'll need some time to find his feet | *Il va avoir besoin de temps pour s'insérer* |
| What if we're found out? | *Et qu'est-ce qui se passera si l'on se fait prendre?* |
| Finders keepers | *Que celui qui le trouve le garde* |
| She has it all at her fingertips | *Elle a tout à portée de la main* |
| They finished up walking | *Ils ont fini par marcher* |

### Module 370

| | |
|---|---|
| Be careful it doesn't catch fire | *Fais attention que ça ne prenne pas feu* |
| They set fire to the car | *Ils ont mis le feu à la voiture* |
| She's in the firing-line | *Elle est dans la ligne de tir* |
| You must be firm with him | *Il faut que tu sois ferme avec lui* |
| First come, first served | *Premier arrivé, premier servi* |
| He was a first-rate officer | *C'était un officier de premier ordre* |
| It's neither fish nor fowl | *C'est mi-figue, mi-raisin* |
| I need to get myself fit | *J'ai besoin d'une remise en forme* |

### Module 371

| | |
|---|---|
| That was a fitting end to his career | *C'était une belle fin de carrière* |
| How are we fixed for time? | *On est dans les temps?* |
| I think that should fix it | *Je pense que ça devrait tout arranger* |
| He got a lot of flak from his friends | *Il s'est fait critiqué par ses amis* |
| He lacks flair | *Il manque de style* |
| It came to me in a flash | *Ça m'est venu tout d'un coup* |
| I was feeling rather flat | *Je n'avais pas la pêche* |

| | |
|---|---|
| It wasn't a very flattering photo of me | Ce n'était pas une photo qui m'avantageait |

### Module 372

| | |
|---|---|
| Flattery will get you nowhere | La flatterie ne te mènera nulle part |
| We must try to be flexible | Nous devons essayer d'être arrangeants |
| We don't want to miss our flight | On ne veut pas rater notre vol |
| There's a high proportion of floating voters | Il y a une grande proportion d'électeurs indécis |
| Memories came flooding back | Les souvenirs ont ressurgi |
| The film was a flop | Le film a fait un bide |
| I think that was a complete fluke | Je pense que c'était une chance inouïe |

### Module 373

| | |
|---|---|
| She looked rather flustered | Elle était dans tous ses états |
| They got off to a flying start | Ils sont bien partis |
| There's a fly in the ointment | Il y a un hic |
| I wish I were a fly on the wall | J'aimerais bien être une petite souris |
| He fobbed me off with some feeble excuse | Il s'est débarrassé de moi en utilisant une piètre excuse |
| When I confronted him he just folded | Quand je l'ai confronté, il s'est écrasé |
| It doesn't necessarily follow | Ça n'ensuit pas forcément |

### Module 374

| | |
|---|---|
| His argument was as follows | Son argument était le suivant |
| He immediately followed suit | Il en a fait immédiatement autant |
| I'm no foodie | Je ne suis pas un gourmet |

| | |
|---|---|
| He's got one foot in the grave | *Il a un pied dans la tombe* |
| It was very slippery under foot | *Le sol était très glissant* |
| You must keep both feet on the ground | *Tu dois garder les pieds sur terre* |
| I could hear footsteps in the yard | *Je pouvais entendre des bruits de pas dans la cour* |

### Module 375

| | |
|---|---|
| For all your promises you are still late | *Malgré toutes tes promesses tu es encore en retard* |
| For all I know it was you | *Que je sache, c'était toi* |
| That was rather a forced smile | *C'était plutôt un sourire forcé* |
| I don't want to force the issue | *Je ne veux pas enfoncer le clou* |
| What's the forecast for tomorrow? | *Quelles sont les prévisions pour demain?* |
| It's a foretaste of what's to come | *C'est un avant goût de ce qui va arriver* |
| We forged a firm friendship at school | *On a noué une amitié solide à l'école* |

### Module 376

| | |
|---|---|
| To refuse hospitality would be bad form | *Il serait mal venu de refuser l'hospitalité* |
| Form a circle please | *Mettez-vous en cercle si vous plaît* |
| There's no need for formality | *Pas besoin de cérémonie* |
| Here's a list of forthcoming events | *Voici une liste des évènements à venir* |
| I don't want to appear forward | *Je ne voudrais pas avoir l'air effronté* |
| I suspect foul play | *Je soupçonne quelque chose de louche* |
| The man's a foul mouth | *C'est un grossier personnage* |
| She has a foul temper | *Elle a un caractère de cochon* |

## Module 377

| | |
|---|---|
| Four is an even number | *Quatre est un nombre pair* |
| He bought it at a fraction of the original price | *Il l'a acheté à un prix inférieur au prix d'origine* |
| She's in a strange frame of mind | *Elle est dans un drôle d'état d'esprit* |
| He was very frank and open | *Il était franc et ouvert* |
| Frankly, I'd rather not | *Franchement, je n'aimerais mieux pas* |
| The man's a freak | *C'est un phénomène* |
| It was a free and easy get-together | *C'était une petite fête décontractée* |

## Module 378

| | |
|---|---|
| Do you have a free hand in this? | *Vous avez carte blanche?* |
| Are these free-range eggs? | *Ce sont des oeufs fermiers?* |
| Do we really have free will? | *Avons-nous vraiment libre arbitre?* |
| I think he will freeze petrol prices | *Je crois qu'il va geler le prix de l'essence* |
| She was in a complete frenzy | *Elle était au comble de l'excitation* |
| He came not infrequently | *Il n'était pas rare qu'il vienne* |
| I must just freshen up | *Je dois faire un brin de toilette* |
| She always seemed to be fretting | *Elle avait toujours l'air soucieux* |

## Module 379

| | |
|---|---|
| There was great friction between them | *Il y avait beaucoup de frictions entre eux* |
| A friend in need is a friend indeed | *C'est dans le besoin que l'on reconnaît ses vrais amis* |
| They used to be such great friends | *Ils étaient de si bons amis* |

| | |
|---|---|
| She was very much on the fringe of things | *Elle était vraiment marginale* |
| She's a very frisky dog | *C'est une chienne très vive* |
| Don't fritter away your money | *Ne gaspille pas ton argent* |
| Things are going from bad to worse | *Le choses vont de mal en pire* |

### Module 380

| | |
|---|---|
| He put up a brave front | *Il a fait bonne figure* |
| She got a rather frosty reception | *On l'a reçue plutôt froidement* |
| He had a very fruity voice | *Il avait un bon timbre de voix* |
| Don't fudge the question please | *N'esquive pas la question s'il te plaît* |
| He looked me full in the face | *Il m'a regardé droit dans les yeux* |
| I'm feeling really full | *Je me sens vraiment repu* |
| It was a full-blooded attack | *C'était une attaque sanglante* |
| We will know in the fullness of time | *Nous le saurons en temps et en lieu* |

### Module 381

| | |
|---|---|
| He was absolutely fuming | *Il était absolument furieux* |
| You've taken all the fun out of it | *Tu as tout gâché* |
| That's your funeral, my friend | *C'est ton problème mon cher* |
| I've a funny feeling I'm going to regret this | *J'ai comme l'impression que je vais le regretter* |
| We don't want any funny business | *On ne veut pas de magouilles* |
| She made a great fuss of her dog | *Elle était aux petits soins pour son chien* |
| The future doesn't look too good | *L'avenir n'a pas l'air réjouissant* |

## Module 382

| | |
|---|---|
| He tends to gabble | *Il a tendance à bafouiller* |
| That's a very old gag | *C'est un très vieux gag* |
| I don't see what you have to gain from it | *Je ne vois pas ce que tu peux en tirer* |
| It really galls me | *Ça m'exaspère* |
| It does how many miles to the gallon? | *Ça fait combien de miles par gallon?* |
| He galloped through his speech | *Il a fait son discours à toute vitesse* |
| He was galvanized by the speech | *Le discours l'a stimulé* |
| It's too big a gamble | *C'est un trop grand risque* |

## Module 383

| | |
|---|---|
| She's a game old bird | *C'est une vieille dame indigne* |
| He's got a gammy leg | *Il est estropié* |
| The gang's all here | *La bande est au complet* |
| The gap between the rich and the poor is reducing | *L'écart entre les riches et les pauvres se réduit* |
| There's a gap in the hedge | *Il y a un trou dans la haie* |
| It was a very garbled statement | *C'était une déclaration bien confuse* |
| I think he's a gate-crasher | *Je pense que c'est un intrus* |
| Give me a moment to gather my senses | *Donne-moi un instant que je reprenne mes esprits* |

## Module 384

| | |
|---|---|
| It's difficult to gauge the situation | *Il est difficile d'évaluer la situation* |
| He really had to run the gauntlet | *Il a vraiment dû foncer* |

| | |
|---|---|
| We're all geared up to go | *On est fin prêt à y aller* |
| There's no gender discrimination | *Il n'y a pas de discrimination sexuelle* |
| She was generous to a fault | *Elle était trop généreuse* |
| He's generous with his time | *Il n'est pas avare de son temps* |
| You don't have to be a genius | *Pas besoin d'être un génie* |
| He saw himself as one of the gentry | *Il se croyait issu de la petite noblesse* |

### Module 385

| | |
|---|---|
| I think you have the germ of an idea there | *Je crois que tu en as une petite idée* |
| We should at least make a gesture | *Nous devrions au moins faire un geste* |
| I just don't get it | *Je n'y comprends vraiment rien* |
| I think we should just get by | *Je crois que l'on devrait pouvoir se débrouiller* |
| It's time you got over it | *Il serait temps que tu t'en remettes* |
| He got it cheap | *Il l'a acheté bon marché* |
| I'm not getting through to you | *Tu ne comprends pas ce que je veux dire* |
| You've not the ghost of a chance | *Vous n'avez pas la moindre chance* |

### Module 386

| | |
|---|---|
| That was a gift | *C'était un don* |
| He got the giggles | *Il a attrapé le fou rire* |
| It's time to gird up our loins | *Il faut que l'on se prépare* |
| There's got to be give and take | *Il faut que ce soit donnant donnant* |
| We may have to give a little | *Il faudra peut-être que nous fassions des concessions* |

| | |
|---|---|
| He made a glaring error | *Il a fait une erreur flagrante* |
| It's all over from what I gleaned | *C'est la fin d'après ce que j'ai pu comprendre* |

### Module 387

| | |
|---|---|
| I had only a very brief glimpse | *J'ai juste jeté un coup d'oeil* |
| I'm afraid there's been a glitch | *Je suis désolé mais il y a eu un pépin* |
| Don't look so gloomy | *Ne sois pas si morose* |
| He tried to gloss over the errors | *Il a essayé de dissimuler les erreurs* |
| He was glued to the television | *Il était scotché à la télévision* |
| She's got bags of go | *Elle a de l'énergie à revendre* |
| Come on, it's your go | *Allez, c'est à toi* |
| I think we'll have to go it alone | *Je crois qu'il faudra que nous nous débrouillions seuls* |

### Module 388

| | |
|---|---|
| We don't go in for that kind of thing | *On n'est pas partant pour ce genre de choses* |
| I think she'll go a long way | *Je crois qu'elle ira loin* |
| I think we'll go with the flow | *Je crois qu'on va prendre les choses comme elles viennent* |
| We should leave while the going's good | *Nous devrions partir pendant que c'est le bon moment* |
| It's enough to be going on with | *C'est largement suffisant pour l'instant* |

### Module 389

| | |
|---|---|
| The children were as good as gold | *Les enfants étaient sages comme des images* |
| What good will it do? | *À quoi bon?* |
| He's going to stay for good | *Il va rester pour de bon* |
| Good for her, I say | *Je lui tire mon chapeau* |
| Will you put in a good word for me? | *Vous plaiderez en ma faveur?* |
| A little of what you fancy does you good | *Il n'y a pas de mal à se faire plaisir* |
| It was a wild goose chase | *C'était une fausse piste* |
| She loves to gossip | *Elle adore potiner* |

### Module 390

| | |
|---|---|
| He got there by hard graft | *Il y est arrivé grâce à son dur labeur* |
| She hasn't a grain of common sense | *Elle n'a pas un gramme de bon sens* |
| My grammar is very weak | *Je suis faible en grammaire* |
| We shouldn't take them for granted | *On devrait les apprécier à leur juste valeur* |
| Will you at least grant me that? | *Pourrais-tu au moins m'accorder cela?* |
| I heard it on the grapevine | *Je l'ai appris par ouï-dire* |
| The film was a bit graphic in parts | *Certaines parties du film étaient un peu graphiques* |

### Module 391

| | |
|---|---|
| She's grappling with her computer | *Elle se débat avec son ordinateur* |
| He simply couldn't grasp the fact | *Cela le dépassait* |
| All flesh is as grass | *Toute chair est comme l'herbe* |

Modules 389 – 393

| | |
|---|---|
| He grassed on her, the swine | *Il l'a dénoncée, le salaud* |
| He is fluent, but his accent grates | *Il parle couramment mais il a un accent à couper au couteau* |
| Silent as the grave | *Silencieux comme la tombe* |
| He jumped on the gravy-train | *Il a trouvé le bon filon* |

## Module 392

| | |
|---|---|
| I had to grease his palm | *J'ai dû lui graisser la patte* |
| It was all Greek to me | *Pour moi c'était du chinois* |
| Don't be so greedy | *Ne sois pas si gourmand* |
| He wouldn't eat his greens | *Il ne voulait pas manger de légumes* |
| Our plan has come to grief | *Notre plan a échoué* |
| The police grilled him for several hours | *La police l'a cuisiné pendant des heures* |
| The news makes for grim reading | *Les nouvelles sont ennuyeuses à lire* |
| Take that grin off your face | *Arrête de sourire bêtement* |

## Module 393

| | |
|---|---|
| We must grin and bear it | *Il faut le prendre avec le sourire* |
| So, it's back to the grind-stone | *Et donc c'est reparti comme en quarante* |
| Let's get to grips with the matter | *Attaquons-nous à ce problème* |
| The boy's got grit | *Ce garçon a du caractère* |
| He had been groomed for the position | *Il a été formé pour le poste* |
| I think you're groping in the dark | *Je crois que tu es dans le brouillard* |
| A second helping would be gross | *Se resservir serait grossier* |

47

| | |
|---|---|
| I've grown accustomed to her face | *Je me suis habitué à son visage* |

### Module 394

| | |
|---|---|
| Why don't you just grow up? | *Tu ne peux pas mûrir un peu?* |
| He's grown out of his trainers | *Ses baskets sont trop petites pour lui* |
| I don't grudge him his success | *Je ne lui reproche pas sa réussite* |
| I suppose I mustn't grumble | *J'imagine que je n'ai pas à me plaindre* |
| We must be on our guard | *Nous devons être sur nos gardes* |
| Your guess is as good as mine | *Je n'en sais pas plus que toi* |
| We need better guidelines | *Nous avons besoins de meilleurs directives* |
| She has a guilty look about her | *Elle a la tête de quelqu'un de coupable* |

### Module 395

| | |
|---|---|
| We mustn't jump the gun | *Nous ne devons pas agir prématurément* |
| She should stick to her guns | *Elle devrait camper sur ses positions* |
| He ate his meal with great gusto | *Il a dévoré son repas* |
| You should always haggle | *Tu devrais toujours marchander* |
| You're looking very hail and hearty | *Tu as l'air d'avoir bon pied bon oeil* |
| Relax, keep your hair on | *Ne t'énerve pas comme ça!* |

### Module 396

| | |
|---|---|
| He did it half-heartedly | *Il l'a fait à contre coeur* |
| He earns half as much as you | *Il gagne deux fois moins que vous* |
| We must somehow hammer out our differences | *Nous devons régler nos différends d'une manière ou d'une autre* |
| I've got my hands full at the moment | *Je suis débordé en ce moment* |

Modules 394–398

| | |
|---|---|
| Well done, I've got to hand it to you | *Bravo, je te tire mon chapeau* |
| Hands up those who want to leave | *Que ceux qui veulent partir lèvent la main* |
| The meeting got out of hand | *La réunion a dégénéré* |

### Module 397

| | |
|---|---|
| She lives a hand to mouth existence | *Elle vit au jour le jour* |
| He was hand-picked for the job | *Il était trié sur le volet* |
| I can't quite get the hang of it | *Je ne suis pas rodé* |
| We'll have to hang on till spring | *Il faudra que nous tenions bon jusqu'au printemps* |
| That's a hang-over from the fifties | *On a hérité ça des années cinquante* |
| We don't want any hanky-panky | *Pas de galipettes!* |
| As it happens, I will be in town on Tuesday | *Comme par hasard je serai en ville mardi* |

### Module 398

| | |
|---|---|
| I am very happy to help | *Je suis ravi de pouvoir aider* |
| Let's aim for a happy medium | *Visons le juste milieu* |
| We are very hard-pressed at the moment | *Nous sommes sous pression en ce moment* |
| She feels hard-done by | *Elle se sent brimée* |
| Put it somewhere out of harm's way | *Mets-en hors de portée* |
| I'm back in harness on Monday | *Lundi je reprends le collier* |
| Don't keep harping on about it | *Arrête de parler tout le temps de ça* |
| It was a very harrowing experience | *Ça a été une expérience atroce* |

## Module 399

| | |
|---|---|
| He made a hash of it | *Il a raté son affaire* |
| I could do without the hassle | *Je m'en passerais bien* |
| More haste less speed | *Hâtez-vous lentement* |
| They were a collection of has-beens | *C'était un ramassis de vieux croutons* |
| I'm in this for the long haul | *Je suis là-dedans sur le long terme* |
| He was revisiting his old haunts | *Il retournait sur ses lieux de prédilections* |
| I think he's had it | *Je crois qu'il est fichu* |
| Make hay while the sun shines | *Il faut battre le fer pendant qu'il est chaud* |

## Module 400

| | |
|---|---|
| Keep calm, we mustn't lose our heads | *Du calme, il faut que nous gardions la tête froide* |
| There's heaps of room | *Il y a plein de place* |
| I know the poem by heart | *Je connais le poème par coeur* |
| It was a heaven-sent opportunity | *C'était une aubaine tombée du ciel* |
| The heavens opened | *Il s'est mis à pleuvoir* |
| That made my hackles rise | *Ça m'a hérissé le poil* |
| Perhaps we should hedge our bets | *Peut-être devrions-nous nous couvrir* |
| Ah, what the hell | *Et bien tant pis* |

## Module 401

| | |
|---|---|
| Can I give a helping hand? | *Je peux donner un coup de main?* |
| There were daffodils here and there | *Il y avait des jonquilles ici et là* |

Modules 399 – 403

| | |
|---|---|
| That is neither here nor there | *Ce n'est pas la question* |
| Here's to your continued success | *À ta future réussite!* |
| That's a complete red herring | *C'est une fausse piste* |
| I played hockey in my heyday | *Quand j'étais dans la force de l'âge je jouais au hockey* |
| There's been a bit of a hiccup in the arrangements | *Il y a eu un contre-temps dans l'organisation* |
| I think we are on a hiding to nothing | *Je crois que l'on va se ramasser* |

### Module 402

| | |
|---|---|
| She was at the high point of her career | *Elle était au sommet de sa carrière* |
| We were left high and dry | *On nous a laissé en plan* |
| It was the highlight of the evening | *C'était le clou de la soirée* |
| She's in debt up to the hilt | *Elle est endettée jusqu'au cou* |
| That joke's as old as the hills | *Cette plaisanterie est vieille comme le monde* |
| He can never be himself | *Il ne peut jamais être lui-même* |
| There's no substitute for hindsight | *Il n'y a rien de tel que de prendre du recul* |
| He never hinted that there was a problem | *Il ne nous a jamais laissé entendre qu'il y avait un problème* |

### Module 403

| | |
|---|---|
| I think you've made a hit | *Je pense que tu as fait un tabac* |
| We got home without a hitch | *Nous sommes rentrés chez nous sans accroc* |
| We may as well go the whole hog | *On ferait aussi bien d'aller jusqu'au bout* |

| | |
|---|---|
| Don't hold your breath | N'y compte pas trop |
| Please don't hold it against me | S'il te plaît ne m'en tiens pas rigueur |
| There's no holding her now | Rien ne la retient plus maintenant |
| I hope the weather holds | J'espère que le temps se maintiendra |

### Module 404

| | |
|---|---|
| I've got myself into a bit of a hole | Je me suis retrouvé dans un sale pétrin |
| She gave a hollow laugh | Elle a ri jaune |
| Make yourself at home | Fais comme chez toi |
| I think we're on the home straight at last | Je crois que l'on touche enfin au but |
| I expect she's feeling homesick | J'imagine qu'elle a le mal du pays |
| I couldn't honestly say | Franchement, je ne pourrais pas vous dire |
| I'm honour bound to report you | J'ai le devoir de vous dénoncer |
| I can't really do it on the hoof | Je ne peux pas vraiment faire ça à la va-vite |

### Module 405

| | |
|---|---|
| I'm not letting you off the hook | Tu ne vas pas t'en tirer comme ça |
| We'll get there by hook or by crook | On y arrivera par n'importe quel moyen |
| They really put him through the hoop | Ils l'ont vraiment mis sur la sellette |
| I don't give two hoots what you do | Je me fiche complètement de ce que tu fais |
| Have you hoovered the sitting-room? | Tu as passé l'aspirateur dans le salon? |
| Want a lift? Hop in | Tu veux que je t'emmène? Alors grimpe! |
| There's no hope, I'm afraid | J'ai bien peur qu'il n'y ait aucun espoir |

| | |
|---|---|
| He's a hopeless case | C'est un cas désespéré |

## Module 406

| | |
|---|---|
| Is there any good news on the horizon? | Y a-t-il de bonnes nouvelles en vue? |
| You little horror! | Petit monstre! |
| It's a question of horses for courses | Il faut miser sur le bon cheval |
| There's a whole host of problems | Il y a tout un tas de problèmes |
| Her lecture was just hot air | Sa conférence n'était que du vent |
| He was hounded by his creditors | Il était pourchassé par ses créditeurs |
| They live about an hour away | Ils vivent à environ une heure d'ici |
| They're house-hunting in France | Ils sont à la recherche d'une maison en France |

## Module 407

| | |
|---|---|
| We get on like a house on fire | On s'entend comme cul et chemise |
| Is that dog house-trained? | Est-ce que ce chien est propre? |
| They live on a housing estate | Ils vivent dans une cité |
| She's very house-proud | C'est une ménagère hors pair |
| How about going to the cinema? | Et si on allait au cinéma? |
| Let's huddle together for warmth | Blottissons-nous pour nous tenir chaud |
| He's always humming a tune | Il est toujours en train de fredonner |
| It's a very human reaction | C'est une réaction très humaine |

## Module 408

| | |
|---|---|
| It was pure humbug | C'était n'importe quoi |
| She found life very humdrum | Elle trouvait la vie bien monotone |

| | |
|---|---|
| He has absolutely no sense of humour | Il n'a absolument aucun sens de l'humour |
| I've a hunch he may have left | J'ai comme l'impression qu'il est parti |
| I'm so hungry I could eat a horse | J'ai une faim de loup |
| I'm on the hunt for a pair of scissors | Je suis à la recherche d'une paire de ciseaux |
| She seems to have fallen at the first hurdle | On dirait qu'elle s'est effondrée au premier obstacle |

## Module 409

| | |
|---|---|
| I don't want to hurt his feelings | Je ne veux pas lui faire de la peine |
| I don't suppose she'll be back in a hurry | Je suppose qu'elle ne sera pas pressée de revenir |
| We must all sing from the same hymn-book | Il faut que nous accordions nos violons |
| That cuts no ice with me | Ça ne me fait ni chaud ni froid |
| The idea is to walk five miles a day | Le but est de marcher cinq miles par jour |
| I think that gives you an idea of the job | Je crois que ça te donne une idée du boulot |
| Ideally we should wait | Dans l'idéal on devrait attendre |

## Module 410

| | |
|---|---|
| If only she was willing to help us | Si encore elle voulait bien nous aider |
| Let's see if we can identify the problem | Voyons si nous pouvons identifier le problème |
| She's going through an identity crisis | Elle traverse une crise d'identité |
| He seemed happy to idle away the hours | Il avait l'air heureux de paresser pendant des heures |

## Modules 409 – 412

| | |
|---|---|
| If only he liked music | *Si seulement il aimait la musique!* |
| If so, we can proceed | *Dans ce cas, nous pouvons continuer* |
| He's a complete ignoramus | *Il est totalement ignorant* |

### Module 411

| | |
|---|---|
| I felt very ill at ease | *Je me suis sentie très mal à l'aise* |
| The company's image has been ruined | *L'image de la compagnie a été détruite* |
| She's immune to criticism | *Elle est imperméable aux critiques* |
| We've reached an impasse | *Nous sommes arrivés à une impasse* |
| His credentials are impeccable | *Ses références sont impeccables* |
| What exactly are you implying? | *Qu'est-ce que tu entends par là?* |
| The child is impossible | *Cet enfant est infernal* |
| You don't impress me at all | *Tu ne m'impressionnes pas du tout* |

### Module 412

| | |
|---|---|
| I think we've made a bad impression | *Je crois que nous avons fait mauvaise impression* |
| It's a big improvement on last time | *Il y a une nette amélioration par rapport à la dernière fois* |
| We shall just have to improvise | *On n'aura qu'à improviser* |
| He knows the ins and outs of the company | *Il connaît la société comme sa poche* |
| It's the in thing | *C'est en vogue* |
| I think he's in for a roasting | *Je crois que ça va être sa fête* |

55

## Module 413

| | |
|---|---|
| There's no incentive to improve | *Rien n'incite à l'amélioration* |
| We managed to inch forward | *Nous avons réussi à avancer peu à peu* |
| She's inclined to be difficult | *Elle a tendance à être difficile* |
| We will be twelve, including the children | *On sera une douzaine, en comptant les enfants* |
| If now is inconvenient, I'll come back tomorrow | *Si ce n'est pas le bon moment, je viendrai demain* |
| He is, indeed, a strange man | *En effet, c'est un homme étrange* |
| I don't wish to be indiscreet | *Je ne voudrais pas être indiscret* |

## Module 414

| | |
|---|---|
| I'm going to indulge myself | *Je vais me faire un petit plaisir* |
| It's like an inferno in here | *On se croirait dans une fournaise ici* |
| She's very inflexible | *Elle est très entêté* |
| There was a sudden influx of people | *Une masse de gens est arrivée subitement* |
| The atmosphere was very informal | *L'atmosphère n'était pas guindée du tout* |
| There was a lot of infighting in the company | *Il y avait beaucoup de conflits internes dans la société* |
| He inherited his looks from his mother | *Il a hérité du physique de sa mère* |

## Module 415

| | |
|---|---|
| Initially he was very helpful | *Au début, il était très serviable* |
| She was injured by his indifference | *Son indifférence l'a blessée* |
| He decided to play the innocent | *Il a décidé de faire l'innocent* |

| | |
|---|---|
| Thank you for your input to the discussion | *Merci d'avoir contribué à la discussion* |
| I think we are making inroads | *Je crois que nous progressons* |
| What are you insinuating exactly? | *Qu'est-ce que tu insinues ?* |
| She was an inspiration to her class | *Elle était une source d'inspiration pour sa classe* |

### Module 416

| | |
|---|---|
| I'm not feeling very inspired today | *Je n'ai pas beaucoup d'inspiration aujourd'hui* |
| What's the weather like for instance? | *Tiens, quel temps fait-il ?* |
| Come here this instant | *Viens ici immédiatement* |
| They're coming here instead | *Ils préfèrent venir ici* |
| Instinct tells me to steer clear | *Mon instinct me dit de garder mes distances* |
| She was instrumental in gaining his release | *Elle a joué un rôle clé pour obtenir sa libération* |

### Module 417

| | |
|---|---|
| The man's insufferably arrogant | *Cet homme est d'une arrogance insupportable* |
| I would fail an intelligence test | *Je serais recalé si je passais un test d'intelligence* |
| It was intended to be encouraging | *C'était censé être prometteur* |
| He was, to all intents and purposes, helpless | *Il était pour ainsi dire impuissant* |
| Good intentions are not enough | *Il ne suffit pas d'avoir de bonnes intentions* |

| | |
|---|---|
| I wish she'd show a little interest | *J'aimerais qu'elle manifeste un certain intérêt* |
| Please would you not interrupt | *Ne m'interrompez pas je vous prie* |

### Module 418

| | |
|---|---|
| He was fed at regular intervals | *Il était nourri à intervalles réguliers* |
| I am going for an interview | *Je vais à un entretien* |
| There was nothing in my in-tray | *Il n'y avait rien dans ma corbeille* |
| She's a bit of an introvert | *Elle est légèrement introvertie* |
| She invested a lot of time in it | *Elle y a consacré beaucoup de temps* |
| To make comparisons would be invidious | *Toute comparaison serait indue* |
| I think that will invite a lot of criticism | *Je crois que cela suscitera beaucoup de critiques* |

### Module 419

| | |
|---|---|
| I have no intention of getting involved | *Je n'ai aucune raison de m'impliquer* |
| But I was inwardly very concerned | *Mais intérieurement j'étais très inquiet* |
| He had a will of iron | *Il avait une volonté de fer* |
| My decision is irreversible | *Je ne reviendrai pas sur ma décision* |
| No man is an island | *Nul n'est une île* |
| He has a copy of the very first issue | *Il a un exemplaire du tout premier numéro* |
| I must take issue with you on that | *Je ne suis pas d'accord avec vous à ce sujet* |
| That, in itself, is not the problem | *Ce n'est pas le problème en soi* |

## Module 420

| | |
|---|---|
| Do you like jacket potatoes? | *Vous aimez les pommes de terre en robe des champs?* |
| There was a huge traffic jam | *Il y avait un énorme embouteillage* |
| I'm going to jam the door open | *Je vais enfoncer la porte* |
| Their policy is always jam tomorrow | *Leur politique: demain on rase gratis* |
| He fell and jarred his wrist | *Il est tombé et s'est foulé le poignet* |
| The houses were all jerry-built | *Les maisons étaient toutes de qualité médiocre* |
| It was only said in jest | *C'était juste une plaisanterie* |

## Module 421

| | |
|---|---|
| She's suffering from jet-lag | *Elle souffre du décalage horaire* |
| I jibbed at staying the night | *J'ai rechigné à rester pour la nuit* |
| I think we've been jinxed all the time | *Je crois que l'on a tout le temps la poisse* |
| Road accidents give me the jitters | *Les accidents de la route me donnent la chair de poule* |
| It's a good job you were in at the time | *Heureusement que vous étiez là à ce moment là* |
| A cup of tea, just the job | *Une tasse de thé, quelle bonne idée!* |

## Module 422

| | |
|---|---|
| They made a very good job of the paintwork | *En matière de peinture ils ont fait du bon travail* |
| They were all jockeying for position | *Ils faisaient tout pour être bien placés* |
| I shall try to jog your memory | *Je vais essayer de te rafraîchir la mémoire* |

| | |
|---|---|
| Would you like to join us? | *Voulez-vous vous joindre à nous?* |
| I'm afraid the joke's on you | *On t'a joué un tour* |
| It's no joking matter | *Il n'y a pas de quoi rire* |
| She's a very jolly person | *C'est une personne très gaie* |

### Module 423

| | |
|---|---|
| That brought him back to earth with a jolt | *Ça l'a brusquement ramené sur terre* |
| I tried ringing the bell – but no joy | *J'ai essayé de sonner, mais ça n'a rien donné* |
| Let me be the judge of that | *C'est à moi de juger* |
| No need to jump down my throat | *Pas la peine de me rembarrer* |
| You're jumping to conclusions | *Vous tirez des conclusions hâtives* |
| Don't let's jump the gun | *N'allons plus vite que la musique* |
| We've just about finished | *On a presque fini* |
| You're just in time | *Tu arrives juste à temps* |

### Module 424

| | |
|---|---|
| It's important that justice be seen to be done | *Il est important de montrer que justice à été faite* |
| We must try to keep an even keel | *Nous devons nous efforcer à maintenir l'équilibre* |
| She really earns her keep | *Elle gagne bien sa croûte* |
| How are you keeping? | *Comment va?* |
| I was kept late at the office | *J'ai été retenu au bureau* |
| Keep up the good work | *Continue à travailler comme ça* |
| It was in keeping with the ceremony | *C'était en accord avec le protocole* |

## Module 425

| | |
|---|---|
| I gave him my bracelet as a keepsake | *Je lui ai donné mon bracelet en souvenir* |
| Hard work is the key to success | *Travailler dur est la clé du succès* |
| He arrived at a key moment | *Il est arrivé à un moment crucial* |
| The keynote of his speech was compassion | *L'idée principale de son discours était la compassion* |
| He was kicked upstairs | *On s'est débarrassé de lui en lui donnant de l'avancement* |
| That's stupid for a kick-off | *C'est un début stupide* |

## Module 426

| | |
|---|---|
| I'm just killing time | *J'attends que le temps passe* |
| Sometimes you have to be cruel to be kind | *Qui aime bien châtie bien* |
| Kindly leave me alone | *Soyez gentil, laissez-moi seul* |
| You can kiss goodbye to your bonus | *Tu peux dire au revoir à ta prime* |
| She's got all the right kit | *Elle a tout ce qu il faut* |
| We've got everything but the kitchen sink | *Il ne nous manque rien* |
| I can't get the knack of it | *Je n'arrive pas à prendre le tour de main* |
| The strike brought transport to its knees | *La grève a paralysé les transports* |

## Module 427

| | |
|---|---|
| You could cut her accent with a knife | *Elle a un accent à couper au couteau* |
| He was gone before you could say knife | *Il est parti avant que tu aies pu dire ouf* |

| | |
|---|---|
| It was a very close-knit community | C'était une communauté très unie |
| Don't knock it, its all we've got | Ne crache pas dessus, c'est tout ce que l'on a |
| We bought it at a knock-down price | On l'a acheté au rabais |
| Have you seen my brother knocking around? | Tu as vu mon frère dans les parages? |
| They absolutely tied him in knots | Ils l'ont complètement embrouillé |
| Please make sure I'm kept in the know | Faites en sorte que je sois tenu au courant |

### Module 428

| | |
|---|---|
| I doubt he'll come – but you never know | Ça m'étonnerait qu'il vienne, mais on ne sait jamais |
| That was a very laboured reply | C'était une réponse alambiquée |
| I'm in favour of any labour-saving device | Je suis un grand adepte de l'électroménager |
| She died for lack of warm clothing | Elle est morte faute d'avoir des vêtements chauds |
| Our Fred, he's a bit of a lad | C'est quelqu'un notre Fred! |
| That wasn't very ladylike | Ce n'était pas digne d'une grande dame |
| Please don't lag behind | Ne traîne pas s'il te plaît |

### Module 429

| | |
|---|---|
| We tracked him to his lair | Nous l'avons suivi à la trace jusqu'à son repère |
| He's landed himself in trouble | Il s'est attiré des ennuis |
| We don't want any bad language, please | Pas de grossièretés s'il vous plaît |

Modules 428 – 431

| | |
|---|---|
| The problem ended up in my lap | *Je me suis retrouvé avec le problème sur les bras* |
| The whole thing is in the lap of the gods | *Tout est entre les mains de Dieu* |
| He started again after a lapse of six years | *Il a recommencé après six ans* |

### Module 430

| | |
|---|---|
| They say there's a wolf at large | *Ils disent qu'il y a un loup en liberté* |
| There's no need to lash out like that | *Pas la peine de riposter à ce point* |
| They must have lashed out a fortune | *Ils ont dû dépenser une fortune* |
| Thank heavens, at last you're here | *Dieu merci, tu es enfin ici* |
| I don't think we've seen the last of him | *Je ne crois pas que ce soit la dernière fois qu'on le voit* |
| I'm afraid you're a bit late in the day | *Désolé mais vous arrivez un peu tard dans la journée* |

### Module 431

| | |
|---|---|
| I haven't seen him lately | *Je ne l'ai pas vu dernièrement* |
| She was the laughing-stock of the school | *Elle était la risée de l'école* |
| He's a law unto himself | *Il ne fait jamais comme tout le monde* |
| Where can I lay my hands on a hammer? | *Où est-ce que je peux mettre la main sur un marteau?* |
| The man's a complete layabout | *Cet homme est un vrai fainéant* |
| I'm only a layman in such matters | *Je ne suis pas spécialiste en la matière* |

63

## Module 432

| | |
|---|---|
| I'm not sure where all this is leading | Je ne sais pas où cela va mener |
| She very quickly took the lead | Elle a vite pris la tête |
| Chelsea are leading | Chelsea est en tête |
| It went down like a lead balloon | Ça a fait un bide |
| That is a leading question | C'est une question tendancieuse |
| You should take a leaf out of my book | Vous devriez prendre exemple sur moi |
| She's not in the same league | Elle n'est pas du même calibre |
| It was leaked to the press | C'est arrivé aux oreilles de la presse |

## Module 433

| | |
|---|---|
| He never learns | Il ne tire jamais profit de son expérience |
| I think he's learned his lesson at last | Je crois qu'il a enfin reçu une bonne leçon |
| Where does that leave me? | Et moi, qu'est-ce que je deviens dans tout ça? |
| The least said the better | Moins on en dit, mieux on se porte |
| At least that's my view | Du moins, c'est mon point de vue |
| You can take it or leave it | C'est à prendre ou à laisser |
| Just leave me alone | Laisse-moi tranquille |
| I don't want a long lecture on the subject | Je ne veux pas tout un laïus sur le sujet |

## Module 434

| | |
|---|---|
| That doesn't give me very much leeway | Ça ne me laisse pas beaucoup de marge |

| | |
|---|---|
| I was left gasping | J'en avais le souffle coupé |
| Can you give me a leg up? | Tu peux me donner un petit coup de pouce? |
| I think she's pulling your leg | Je crois qu'elle se fiche de toi |
| He doesn't have a leg to stand on | Ce qu'il dit ne tient pas debout |
| It may be legal but is it fair? | C'est peut-être légal mais est-ce équitable? |
| She's a legend in her own lifetime | Elle est une légende vivante |
| By the end he was absolutely legless | À la fin il était complètement bourré |

## Module 435

| | |
|---|---|
| Do it at your leisure | Faites-le à votre convenance |
| It doesn't lend itself to appeasement | Ça n'engendre pas l'apaisement |
| He will go to any length to succeed | Il ferait n'importe quoi pour réussir |
| She went on and on at great length | Elle parlait sans arrêt |
| He will not settle for less | Il ne se contentera pas de moins |
| The less said the better | Moins on en dit mieux on se porte |
| He needs to be taught a lesson | Il a besoin d'une bonne leçon |
| I think we should let the matter drop | Je crois que l'on devrait laisser tomber |

## Module 436

| | |
|---|---|
| He shouldn't be punished let alone imprisoned | Il ne devrait pas être puni et encore moins mis en prison |
| She did her level best to come | Elle a fait de son mieux pour venir |
| He's a complete liability | C'est un désastre ambulant |
| I'm not at liberty to discuss the matter | Je ne suis pas en mesure d'en discuter |

| | |
|---|---|
| She was travelling at quite a lick | *Elle se déplaçait à toute allure* |
| He retired to lick his wounds | *Il s'est mis à l'écart pour panser ses blessures* |
| He resorted to a white lie | *Il en est arrivé à faire un pieux mensonge* |

### Module 437

| | |
|---|---|
| I always lie in on Sundays | *Je fais toujours la grasse matinée le dimanche* |
| We must check the lie of the land | *Nous devons vérifier les conditions générales* |
| He only comes to life in the evening | *Il n'émerge que le soir* |
| I can't for the life of me remember | *Sur ma vie, je n'arrive pas à m'en souvenir* |
| Ah well, that's life | *C'est la vie!* |
| There's life in the old dog yet | *Le vieux bougre est encore plein de vie* |
| Can you give me a lift to the station? | *Pouvez-vous m'emmener jusqu'à la gare?* |
| She won't lift a finger to help | *Elle ne lèvera pas le petit doigt pour aider* |

### Module 438

| | |
|---|---|
| I was surprised what came to light | *J'ai été surpris du résultat* |
| They won't be interested in the likes of me | *Ils ne s'intéresseront pas à des gens comme moi* |
| It's possible but not likely | *C'est possible mais peu probable* |
| Her experience is very limited | *Elle n'a pas beaucoup d'expérience* |
| He's in line for promotion | *Il est sur les rangs pour une promotion* |
| I'm putting my reputation on the line | *C'est ma réputation qui est en jeu* |

| | |
|---|---|
| I could never master the lingo | Je n'ai jamais réussi à maîtriser la langue |

### Module 439

| | |
|---|---|
| He always got the lion's share | Il s'est toujours taillé la part du lion |
| Just listen for a change | Pour une fois, écoute ce que l'on te dit |
| The little ones have been very good | Les petits ont été très sages |
| It's worth little or nothing | Ça ne valait presque rien |
| She'll never live it down | On ne la regardera plus jamais de la même façon |
| He was a real live wire | C'était une vraie pile électrique |
| His life is a living hell | Sa vie est un enfer |

### Module 440

| | |
|---|---|
| It's the first time it's happened within living memory | De mémoire d'homme c'est la première fois que ça arrive |
| He could at least share the load | Il pourrait au moins partager le fardeau |
| Use your loaf | Fais marcher tes méninges |
| She was very loath to admit it | Elle répugnait à l'admettre |
| He was lobbying for more time | Il mettait la pression pour gagner du temps |
| What's the local time in Greece? | Quelle est l'heure locale en Grèce? |

### Module 441

| | |
|---|---|
| I expect she will lodge a complaint | Je m'attends à ce qu'elle porte plainte |
| It's as easy as falling off a log | C'est simple comme bonjour |
| I don't follow your logic | Je ne suis pas ta logique |
| I suspect he was loitering with intent | Il rôdait avec de mauvaises intentions |

| | |
|---|---|
| He was somewhat of a lone wolf | C' était un loup solitaire |
| Will you be in there for long? | Tu en as encore pour longtemps? |
| I shall remember it as long as I live | Je m'en souviendrai jusqu'à mon dernier jour |

### Module 442

| | |
|---|---|
| In the long run it's pointless | À la longue c'est sans intérêt |
| I'll go as long as you do | J'irai si tu y vas |
| She gave a very long-winded explanation | Elle a donné une explication interminable |
| There's no point in looking back | Ça sert à rien de revenir sur le passé |
| You can't go by looks | Il ne faut pas se fier aux apparences |
| She gave me a very funny look | Elle m'a regardé d'un drôle d'air |
| If looks could kill! | Si un regard pouvait tuer! |
| It doesn't look as if he's coming | On dirait bien qu'il ne va pas venir |

### Module 443

| | |
|---|---|
| I'm looking forward to it | Je me réjouis d'avance |
| Would you look through my essay? | Tu veux bien relire ma dissertation? |
| I don't think she'll get a look in | Je ne crois pas qu'elle aura son mot à dire |
| Now that I look back on it I'm amazed | Maintenant que j'ai pris du recul, je suis sidéré |
| I don't like the look of those clouds | Je n'aime pas la tête de ces nuages |
| There are many loop-holes in his thinking | Il y a beaucoup de lacunes dans sa façon de penser |
| I was feeling at rather a loose end | Je me sentais un peu perdu |

### Module 444

| | |
|---|---|
| He's beginning to lose his grip | *Il commence à lâcher prise* |
| She was afraid of losing face | *Elle avait peur de perdre la face* |
| His plans are a lost cause | *C'est une cause perdue* |
| There are lots and lots of games to play | *On peut jouer à des tas de jeux* |
| I'm just thinking out loud | *Je pense tout haut* |
| Thanks for your help, love | *Merci pour votre aide mon amie* |
| They were in very low spirits | *Ils n'avaient pas le moral* |
| We mustn't lower our guard | *On ne doit pas baisser la garde* |

### Module 445

| | |
|---|---|
| Better luck next time | *Ça ira mieux la prochaine fois* |
| With luck we should be on time | *Avec un peu de chance on devrait être à l'heure* |
| He was lurking in the bushes | *Il se cachait dans les fourrés* |
| He was a very lusty baby | *C'était un bébé très vigoureux* |
| They were able to live in luxury | *Ils étaient capables de vivre dans le luxe* |
| She caught him lying | *Elle l'a surpris en train de mentir* |
| He was a very macho type | *C'était un vrai macho* |

### Module 446

| | |
|---|---|
| You must be mad if you think I'm coming | *Si tu penses que je vais venir, tu es fou* |
| I'm in a mad rush | *Je suis à la bourre* |
| He was as mad as a hatter | *Il était fou à lier* |

| | |
|---|---|
| She was mad keen to come | *Elle mourait d'envie de venir* |
| He has a magnetic personality | *Il a une personnalité attirante* |
| His story is pure make-believe | *Son histoire est des plus fantaisistes* |
| You can't make me | *Tu ne peux pas me forcer* |
| I'll make it up to you | *Je te le revaudrai* |

### Module 447

| | |
|---|---|
| Two and two make four | *Deux et deux font quatre* |
| We'll have to make the best of it | *Il faudra que l'on en tire le meilleur* |
| Do you think we'll make it in time? | *Tu crois que l'on est dans les temps?* |
| Make peace, not war | *Faites la paix pas la guerre* |
| I can't make my mind up | *Je n'arrive pas à me décider* |
| You malign me | *Vous me calomniez* |
| Come in, man, you must be frozen | *Rentre mon pote, tu dois être gelé* |
| What does the man in the street think? | *Que pense l'homme de la rue?* |

### Module 448

| | |
|---|---|
| I don't think he'll be able to manage | *Je ne crois pas qu'il y arrivera* |
| I think I can manage another drink | *Je crois que je peux reprendre un verre* |
| I can't manage without him | *Je ne peux pas me débrouiller sans lui* |
| He's a football maniac | *Il est fou de football* |
| It's manna from heaven | *C'est la manne tombée du ciel* |
| Many's the time I've been wrong | *Combien de fois ai-je eu tort* |
| It's a many-sided issue | *C'est un problème à multiples facettes* |
| She was given her marching orders | *On lui a demandé de prendre la porte* |

## Module 449

| | |
|---|---|
| I'm afraid there's little margin for error | *Désolé, il y a peu de place pour une erreur* |
| He'll fail, mark my words | *Tu peux me croire, il va échouer* |
| She's certainly made her mark | *Elle s'est certainement fait remarquer* |
| There's a marked difference between them | *Il y a une nette différence entre eux* |
| What's the market price for gold? | *Quel est le prix du marché de l'or?* |
| It was a marriage of convenience | *C'était un mariage de convenance* |
| She was a real martinet | *Elle était vraiment impitoyable* |
| He wasn't able to mask his feelings | *Il n'arrivait pas à cacher ses sentiments* |

## Module 450

| | |
|---|---|
| Jack of all trades, master of none | *Touche à tout et bon à rien* |
| I can't master the subjunctive | *Je ne maîtrise pas le subjonctif* |
| He was his own master | *Il était son propre maître* |
| She was the mastermind behind it all | *Elle était derrière tout ça* |
| She was no match for him | *Elle n'était pas à sa hauteur* |
| My gloves don't match | *Mes gants ne vont pas ensemble* |
| She cut a rather matronly figure | *Elle en imposait* |
| As a matter of fact I don't really care | *En fait, ça m'est bien égal* |

## Module 451

| | |
|---|---|
| It's only a matter of time | *Ce n'est qu'une question de temps* |
| Whatever is the matter? | *Et bien alors, qu'est-ce qui se passe?* |
| She was a mature student | *C'était une étudiante adulte* |

| | |
|---|---|
| Why don't you say what you mean? | *Pourquoi ne me dis-tu pas ce que tu penses?* |
| I think that was very mean of you | *Je pense que c'était très mesquin de ta part* |
| He means what he says | *Il pense ce qu'il dit* |
| That was no mean feat | *Ce n'était pas une mince affaire* |
| He was by no means finished | *Il était loin d''avoir fini* |

### Module 452

| | |
|---|---|
| We lack the means to escape | *Nous n'avons pas les moyens de nous échapper* |
| Meanwhile, back at the ranch | *Et pendant ce temps là…* |
| We must take the necessary measures | *Il faut que nous prenions les mesures qui s'imposent* |
| Don't meddle in my affairs | *Ne te mêle pas de mes affaires* |
| We must stop meeting like this | *Il faut que l'on arrête de se rencontrer comme ça* |

### Module 453

| | |
|---|---|
| There's more to this than meets the eye | *Il ne faut pas se fier aux apparences* |
| To see her melts my heart | *Ça me fend le coeur de la voir* |
| The spectators melted away | *Les spectateurs se sont dispersés* |
| I must commit this to memory | *Il faut que je m'en souvienne* |
| I think he's on the mend | *Je crois qu'il est en train de se rétablir* |
| He has a mental age of six | *Il avait six ans d'âge mental* |
| I'm bad at mental arithmetic | *Je suis mauvais en calcul mental* |

| | |
|---|---|
| That's just mental cruelty | C'est tout simplement de la cruauté mentale |

## Module 454

| | |
|---|---|
| I must make a mental note of that | Il faut que je mémorise ça |
| He had a yacht not to mention a private jet | Il avait non seulement un yacht mais aussi un jet privé |
| The lecture was mercifully short | Dieu merci la conférence a été brève |
| They were at the mercy of a price increase | Ils étaient à la merci d'une hausse des prix |
| She was merry but not drunk | Elle était pompette mais pas ivre |
| How did we get into this mess? | Mais comment a-t-on pu en arriver là |
| I've just vacuumed so don't make a mess | Je viens juste de passer l'aspirateur alors ne resalis pas |

## Module 455

| | |
|---|---|
| It was a very messy divorce | C'était un divorce très difficile |
| There's method in my madness | Il y a de la logique dans ma folie |
| Tomorrow you must be on your mettle | Demain tu devras être prêt à donner le meilleur de toi-même |
| I always end up pig-in-the-middle | Je finis toujours par être pris entre deux feux |
| I'm in the middle of writing a letter | Je suis en train d'écrire une lettre |
| What's your middle name? | Quel est ton deuxième prénom? |

## Module 456

| | |
|---|---|
| She's in the throes of a mid-life crisis | Elle est en pleine crise de milieu de vie |
| I'm in the midst of clearing out the attic | Je suis en plein nettoyage du grenier |

| | |
|---|---|
| You might as well face up to it | *Tu ferais aussi bien de te rendre à l'évidence* |
| I might, I might not | *Peut-être bien que oui, peut-être bien que non* |
| I shall oppose the change with all my might | *Je m'opposerai au changement autant que faire se peut* |
| He was rude to put it mildly | *Il était grossier, c'est le moins que l'on puisse dire!* |

### Module 457

| | |
|---|---|
| It's miles quicker than a letter | *C'est bien plus rapide qu'une lettre* |
| He really milked the situation | *Il a vraiment profité de la situation* |
| She's a millstone around my neck | *C'est un vrai boulet* |
| I'm in two minds about it | *Je suis partagé sur ce sujet* |
| Do you mind! | *Ne te gêne surtout pas!* |
| Mind you're not late | *Attention de ne pas être en retard* |
| What did you have in mind? | *Qu'est-ce que tu avais en tête?* |
| Mind where you sit | *Attention où vous vous asseyez* |

### Module 458

| | |
|---|---|
| I can't read your mind | *Je ne peux pas lire dans tes pensées* |
| I'm afraid you're in the minority | *J'ai bien peur que vous ne soyez en minorité* |
| Have you got a minute? | *Tu as une minute?* |
| It'll be a miracle if he turns up | *Ce serait un miracle qu'il vienne* |
| I expect he's up to some mischief or other | *J'imagine qu'il trame quelque chose de pas très catholique* |

| | |
|---|---|
| We had a miserable time of it | *Nous avons passé un sale quart d'heure* |
| I have my misgivings about her | *J'ai des doutes à son sujet* |

### Module 459

| | |
|---|---|
| I think you've been misinformed | *Je crois que vous avez été mal informé* |
| His directions were very misleading | *Ses indications étaient trompeuses* |
| I think I'll give that a miss | *Je crois que je vais m'en passer* |
| The spade has gone missing | *La pelle a disparu* |
| He got off at Slough by mistake | *Il est descendu à Slough par erreur* |
| I think you're mistaken | *Je crois que vous vous trompez* |
| There's been a mix-up, I'm afraid | *J'ai bien peur qu'il y ait eu confusion* |
| His return was a bit of a mixed blessing | *Son retour avait du bon et du mauvais* |

### Module 460

| | |
|---|---|
| She has mixed feelings about it | *Elle a des sentiments mitigés à ce sujet* |
| They've made a complete mockery of it | *Ils ont tourné cela en dérision* |
| He was a model student | *C'était un étudiant modèle* |
| I think it was a modest success | *Je pense que c'était un modeste succès* |
| Don't make a mountain out of a molehill | *Ne te noie pas dans un verre d'eau* |
| I never for one moment believed him | *Je ne l'ai pas cru une seule seconde* |
| I knew the moment I saw him | *Je l'ai su dès que je l'ai vu* |
| It was money for old rope | *C'était de l'argent facile* |

### Module 461

| | |
|---|---|
| She's really in the money now | *Maintenant elle se fait beaucoup d'argent* |
| I have nothing to show for my money | *Toutes ces depenses pour rien* |
| Money talks | *L'argent est roi* |
| They made a monkey out of him | *Ils l'on tourné au ridicule* |
| I'm not in the mood for it | *Je ne suis pas d'humeur* |
| That's a moot point | *C'est discutable* |
| Don't sit there moping | *Ne reste pas assis là à te morfondre* |
| And the moral of that is….? | *Et la morale de cette histoire c'est quoi?* |

### Module 462

| | |
|---|---|
| He's more or less right | *Il a plus ou moins raison* |
| I'm suffering from the morning after | *J'ai la gueule de bois* |
| We must make the most of the situation | *On doit tirer le meilleur de la situation* |
| It was at most temporary | *C'est tout au plus temporaire* |
| I suppose we must go through the motions | *Je suppose qu'il faut que nous passions par là* |
| We've a mountain to climb | *Nous avons encore beaucoup de chemin à parcourir* |
| The food was mouth-watering | *La nourriture mettait l'eau à la bouche* |

### Module 463

| | |
|---|---|
| We live a hand-to-mouth existence | *Nous vivons au jour le jour* |
| Don't put words into my mouth | *Ne me fais pas dire ce que je n'ai pas dit* |
| Hurry up, get a move on | *On se dépêche!* |

| | |
|---|---|
| That's a bit much | *C'est un peu trop* |
| She was too much for him | *Elle était trop pour lui* |
| Stop mucking about | *Arrête de déconner* |
| His name is mud | *Il a mauvaise réputation* |
| I suppose we shall muddle through | *Je suppose que l'on se débrouillera* |

## Module 464

| | |
|---|---|
| She's getting away with murder | *Qu'elle fasse n'importe quoi, elle s'en tire toujours* |
| He's trying to muscle in | *Il essaye de s'imposer* |
| The film is an absolute must | *Ce film est incontournable* |
| She's rather mutton dressed as lamb | *Elle s'habille trop jeune pour son âge* |
| He left me all by myself | *Il m'a laissé tout seul* |
| She was a real nag | *C'était une vraie râleuse* |
| You name it, he's done it | *Il a tout fait* |

## Module 465

| | |
|---|---|
| We caught him napping | *On l'a pris au dépourvu* |
| That was a narrow squeak | *C'était juste* |
| She had a certain native wit | *Elle avait un bon sens inné* |
| It just doesn't feel natural | *Ça n'a pas l'air naturel* |
| He's a natural | *Il est fait pour ça* |
| It's only human nature after all | *C'est la nature humaine après tout* |
| It's naughty but it's nice | *Ce n'est pas bien mais c'est bon* |
| We're here, but it was a near thing | *On est arrivé mais c'était de justesse* |

### Module 466

| | |
|---|---|
| His jokes are a little near the knuckle | *Ces plaisanteries sont un peu limite* |
| That was a near miss | *C'était juste!* |
| She likes everything neat and tidy | *Elle aime que tout soit propre et net* |
| Fred, will you do the necessary please | *Fred, tu veux bien faire le nécessaire s'il te plaît?* |
| There's no need for that | *Ce n'est pas la peine d'être comme ça* |
| It's like looking for a needle in a haystack | *C'est comme chercher une aiguille dans une botte de foin* |
| She never stops needling me | *Elle n'arrête pas de m'asticoter* |

### Module 467

| | |
|---|---|
| His attitude is completely negative | *Il a une attitude complètement négative* |
| He's got a nerve saying that | *Il est gonflé de dire ça* |
| Well, of all the nerve | *Quel culot!* |
| I'm a complete nervous wreck | *Je suis un vrai paquet de nerfs* |
| She's got a nest-egg put away | *Elle a de l'argent de côté* |
| He's a great believer in net-working | *C'est un grand adepte du travail en réseau* |
| Never say never | *Ne dis jamais fontaine je ne boirai pas de ton eau* |

### Module 468

| | |
|---|---|
| So what's new then? | *Alors, quoi de neuf?* |
| Whatever next? | *Et puis quoi encore?* |
| Who's next please? | *A qui le tour?* |
| She earns next to nothing | *Elle ne gagne presque rien* |

| | |
|---|---|
| It's nice work if you can get it | *Je voudrais bien la recette* |
| He's a creature of the night | *C'est un oiseau de nuit* |
| Trying to book a flight was a nightmare | *Essayer de réserver un vol était un vrai cauchemar* |

### Module 469

| | |
|---|---|
| He was a bit of a nine days' wonder | *Il était la merveille du jour* |
| I'm not a nine to five kind of person | *Je ne suis pas fait pour les horaires de bureau* |
| I'm just going to nip out for a while | *Je vais juste sortir deux minutes* |
| Let's get down to the nitty-gritty | *Passons aux choses sérieuses* |
| She won't take no for an answer | *Elle ne se contentera pas d'une réponse négative* |
| I feel like a nobody | *Je me sens comme un moins que rien* |
| A nod is as good as a wink | *L'allusion est claire* |

### Module 470

| | |
|---|---|
| We're on nodding terms | *On est en bons termes* |
| Don't be so nosey | *Ne sois pas si curieux* |
| He's in France, not that it matters | *Il est en France mais ce n'est pas la question* |
| I'd rather not | *Je n'aimerais mieux pas* |
| Please note: I'm out on Friday | *Veuillez notez que je serai absent vendredi* |
| That's nothing to what I've been through | *Ce n'est rien comparé à ce que j'ai vécu* |
| It came to my notice on Monday | *J'ai remarqué ça lundi* |

| | |
|---|---|
| I want an answer here and now | *Je veux une réponse immédiatement* |

## Module 471

| | |
|---|---|
| It'll be enough for now | *Ça sera tout pour l'instant* |
| Nowadays it's all different | *De nos jours c'est complètement différent* |
| He's always putting his oar in | *Il met toujours son grain de sel* |
| You've forgotten the object of the exercise | *Vous avez oublié l'objectif de l'exercice* |
| I'm under no obligation | *Je ne suis tenu à aucune obligation* |
| She rose to the occasion | *Elle était à la hauteur* |
| It didn't occur to me | *Ça ne m'était pas venu à l'esprit* |
| I've got the odd anorak you could borrow | *J'ai un anorak que tu pourrais emprunter* |

## Module 472

| | |
|---|---|
| How very odd | *Comme c'est bizarre* |
| The odds are he won't come | *Il a gros à parier qu'il ne viendra* |
| The odds are stacked against you | *Tout est contre toi* |
| Of all the cheek! | *Quel toupet!* |
| I feel giddy off and on | *Par moment j'ai des vertiges* |
| I hope I haven't caused offence | *J'espère que je n'ai offensé personne* |
| You mustn't take offence so easily | *Vous ne devriez pas vous véxer si facilement* |
| He was way off the mark | *Il visait toujours à côté* |

## Module 473

| | |
|---|---|
| I'm available during office hours | *Je suis disponible pendant les heures de bureau* |
| Are these your offspring? | *Est-ce que c'est ta progéniture?* |
| I'm just an old-fashioned girl | *Je suis de la vieille école* |
| She was in danger of becoming an old maid | *Elle risquait de devenir vieille fille* |
| You can't make an omelette without breaking eggs | *On ne fait pas d'omelettes sans casser des oeufs* |
| They had a rather on-off relationship | *Ils avaient une relation épisodique* |
| Please get it right for once | *Pour une fois ne te trompe pas* |

## Module 474

| | |
|---|---|
| Once upon a time | *Il était une fois* |
| The discussion was very one-sided | *La discussion était très partiale* |
| It's one and the same thing | *C'est du pareil au même* |
| He was a one-time boxer | *Dans le temps, il était boxeur* |
| You've got a one-track mind | *Tu ne penses qu'à ça* |
| I keep thinking: if only | *Je me dis souvent: si j'avais su* |
| He has oodles of common sense | *Il est plein de bon sens* |
| Can I be open with you? | *Je peux être franc avec vous?* |

## Module 475

| | |
|---|---|
| I think it's an open and shut case | *C'est un fait entendu* |
| That's a matter of opinion | *C'est une question d'opinion* |
| She had to opt out | *Elle a dû se désister* |

| | |
|---|---|
| You leave me with no option | *Vous ne me laissez pas le choix* |
| A dozen or so | *Environ une douzaine* |
| An order is an order | *Un ordre est un ordre* |
| He arranged them in order | *Il les a mis dans l'ordre* |
| I don't take orders from you | *Je ne reçois pas d'ordre de votre part* |

### Module 476

| | |
|---|---|
| They left in an orderly fashion | *Ils sont partis en bonne et due forme* |
| She was nothing out of the ordinary | *Elle n'avait rien de spécial* |
| I want to speak to the organ-grinder, not the monkey | *Mieux vaut s'adresser à Dieu qu'à ses Saints* |
| It's good but not very original | *C'est bien mais pas très original* |
| All other things being equal | *Tout bien pesé* |
| I'm leaving otherwise I'll be late | *Je file sinon je vais être en retard* |
| Over my dead body! | *Jamais de la vie!* |

### Module 477

| | |
|---|---|
| He really ought not to have | *Il n'aurait pas dû* |
| It's ours not theirs | *C'est le nôtre pas le leur* |
| He was way out in his calculations | *Il était loin du compte* |
| Tomorrow I'll be out | *Je ne serai pas là demain* |
| He's an out and out crook | *C'est purement et simplement un escroc* |
| They were completely outclassed | *Ils étaient complètement dépassés* |
| Your information is outdated | *Votre information n'est pas à jour* |
| The outlook is bleak | *L'horizon est bouché* |

## Module 478

| | |
|---|---|
| I think we've outstayed our welcome | *Je pense que nous avons abusé de votre hospitalité* |
| We were greeted with outstretched arms | *Nous avons été accueillis à bras ouverts* |
| She was outwardly very honest | *Elle avait l'air très honnête* |
| I've done what I can, so it's over to you now | *J'ai fait ce que j'ai pu, maintenant c'est à vous* |
| I think we must get it over with | *Je crois que nous devons en finir* |
| Her behaviour was rather over-the-top | *Elle en faisait trop* |
| Don't cry, it's all over | *Ne pleure pas, c'est fini* |

## Module 479

| | |
|---|---|
| I think he rather over-reacted | *Je pense qu'il a dramatisé* |
| We mustn't overdo things | *Il ne faut pas que nous en fassions trop* |
| I shall overlook it this time | *Pour cette fois je ferme les yeux* |
| I think he's over-reached himself | *Je crois qu'il s'est surpassé* |
| It seems he's come into his own at last | *Il semble qu'il montre enfin de quoi il est capable* |
| Come on, own up | *Allez, avoue* |
| The world is his oyster | *Le monde lui appartient* |

## Module 480

| | |
|---|---|
| Come on, try and keep pace | *Allez, essayez de garder le rythme* |
| I think it's time to pack it in | *Je crois qu'il est temps d'arrêter* |
| The lawn-mower's packed up again | *La tondeuse est encore en panne* |

| | |
|---|---|
| He must earn a packet | *Il doit gagner une fortune* |
| He had a pad up in town | *Il avait un pied à terre en ville* |
| Let's paint the town red | *Allons faire la noce* |
| They're a strange pair | *C'est un drôle de couple* |
| That's the way it panned out | *C'est comme ça que les choses ont tourné* |

### Module 481

| | |
|---|---|
| The field is as flat as a pancake | *Le champ est plat comme une galette* |
| There's no need to panic | *Pas de panique* |
| You're papering over the cracks | *Tu masques le problème* |
| I suppose that's par for the course | *C'est typique j'imagine* |
| There's no need to get paranoid about it | *Ce n'est pas la peine d'être parano à ce sujet* |
| I really do beg your pardon | *Je vous prie de m'excuser* |
| Can I park the children on you tomorrow? | *Est-ce que je peux te laisser les enfants demain?* |

### Module 482

| | |
|---|---|
| Park yourself on the sofa | *Pose-toi sur le canapé* |
| We've reached a parting of the ways | *Nous sommes arrivés à la croisée des chemins* |
| We learnt the phrases parrot-fashion | *On a appris les phrases par coeur* |
| Why do you always take her part? | *Pourquoi prenez-vous toujours son parti?* |
| She really looks the part | *Elle a vraiment de l'allure* |
| Do you want to take part? | *Vous voulez participer?* |

Modules 481 – 484

| | |
|---|---|
| I wasn't thinking of anyone in particular | Je n'avais pas quelqu'un de précis à l'esprit |
| You shouldn't pass up this opportunity | Vous ne devriez pas laisser passer cette opportunité |

## Module 483

| | |
|---|---|
| She passed round the biscuits | Elle a fait passer les biscuits |
| You deserve a pat on the back | Vous pouvez être content de vous |
| Patience is a virtue | La patience est une vertu |
| My patience is wearing out | Ma patience a des limites |
| I hope that this will pave the way | J'espère que ça préparera le terrain |
| Keep your paws off my chocolates | Bas les pattes, ce sont mes chocolats |
| I could do with some peace and quiet | J'apprécierais un peu de calme et de sérénité |
| If you pay peanuts you get monkeys | Si vous payez des clopinettes, vous n'obtiendriez rien de bien |

## Module 484

| | |
|---|---|
| Thank you for your pearls of wisdom | Merci pour vos trésors de sagesse |
| Where is she in the pecking order? | Elle se situe où dans la hiérarchie? |
| We mustn't take our foot off the pedal | Il ne faut pas que nous levions le pied |
| He needs taking down a peg or two | Il a besoin qu'on lui rabaisse son caquet |
| It's pelting down outside | Il pleut des cordes |
| He paid the penalty | Il en a subi les conséquences |
| They used to be pen-friends | Ils étaient correspondants |
| You must really put pen to paper | Il faut vraiment que tu te mettes à écrire |

85

## Module 485

| | |
|---|---|
| I think at last the penny has dropped | *Je crois qu'il a enfin compris* |
| That must have cost them a pretty penny | *Ça a dû leur coûter les yeux de la tête* |
| She's a perfect pest | *C'est un véritable fléau* |
| Nobody's perfect | *Personne n'est parfait* |
| What a ridiculous performance | *Quelle scène ridicule* |
| Perhaps so; but I doubt it | *C'est possible mais j'en doute* |
| There are lots of perks with the job | *Ce sont les avantages du métier* |
| I'm open to persuasion | *Je suis prêt à me laisser convaincre* |

## Module 486

| | |
|---|---|
| The bishop will be there in person | *L'évêque sera là en personne* |
| He was very personable | *Il présentait bien* |
| The information is personal | *C'est une information confidentielle* |
| She's got bags of personality | *Elle déborde de personnalité* |
| Speaking personally I doubt it | *Personnellement, j'en doute* |
| We must try to get things in perspective | *Nous devons essayer de remettre les choses dans leur contexte* |
| I wish you'd stop pestering me | *J'aimerais bien que tu me fiches la paix* |

## Module 487

| | |
|---|---|
| It's his pet subject | *C'est sa marotte* |
| He was hoist by his own petard | *Ça s'est retourné contre lui* |
| She was very petty-minded | *Elle était étroite d'esprit* |

Modules 485 – 489

| | |
|---|---|
| We're going to have to phase it in | *Il va falloir introduire ça progressivement* |
| The man's a complete philistine | *Cet homme est un parfait philistin* |
| It was a photo-finish | *C'était une photo-finish* |
| I'm afraid you can't pick and choose | *Je suis désolé mais tu n'as pas le choix* |
| You can take your pick | *Tu as le choix* |

### Module 488

| | |
|---|---|
| She picked holes in my argument | *Elle a cherché la petite bête dans ce que je disais* |
| I must pick his brains | *Je dois faire appel à ses lumières* |
| He's just looking to pick a quarrel | *Il cherche querelle* |
| She was the picture of innocence | *C'était l'innocence même* |
| I don't think you get the picture | *Je ne pense pas que tu vois ce que je veux dire* |
| I pieced together what had happened | *J'ai réussi à reconstituer ce qui s'est passé* |
| We hope to get home in one piece | *Nous espèrons rentrer à la maison en un morceau* |

### Module 489

| | |
|---|---|
| She's gone to pieces | *Elle s'est effondrée* |
| He made a complete pig of himself | *Il s'est comporté comme un cochon* |
| He was pigeon-toed | *Il avait les pieds tournés en dedans* |
| I think he's piling on the agony | *Je crois qu'il jouait à fond la carte de la souffrance* |
| I've been hounded from pillar to post | *J'ai été balloté de droite à gauche* |

| | |
|---|---|
| He's a difficult man to pin down | *On a du mal à lui mettre la main dessus* |
| You could have heard a pin drop | *On aurait entendu voler une mouche* |

### Module 490

| | |
|---|---|
| I wouldn't pin your hopes on it | *Je n'y compterais pas trop* |
| Will you children pipe down please | *Doucement les basses les enfants s'il vous plaît* |
| She held a pistol to their heads | *Elle leur a mis un pistolet sur la tempe* |
| It's the pits | *C'est merdique* |
| In the first place it will be cheaper | *Au premier lieu ça sera moins cher* |
| Put yourself in my place | *Mets-toi à ma place* |
| It should be plain sailing from now on | *Ça devrait aller tout seul à partir de maintenant* |

### Module 491

| | |
|---|---|
| I wasn't planning on being there | *Je n'avais pas l'intention d'y être* |
| He planted doubts in my mind | *Il a semé le doute dans mon esprit* |
| He has to have plastic surgery | *Il faut qu'il subisse de la chirurgie esthétique* |
| It is a play on words | *C'est un jeu de mots* |
| I'm pleading ignorance | *Je plaide l'ignorance* |
| The plot thickens | *L'affaire se corse* |
| I must pluck up the courage | *Il faut que je prenne mon courage à deux mains* |

### Module 492

| | |
|---|---|
| It's time I took the plunge | *Il est temps que je me jette à l'eau* |

| | |
|---|---|
| Time to put your hand in your pocket | *Il est temps que tu délies le cordon de la bourse* |
| I think you've made your point | *Je pense que tu t'es fait comprendre* |
| She made a point of arriving early | *Elle a mis un point d'honneur à arriver tôt* |
| You mustn't poke fun at her | *Il ne faut pas se moquer de lui* |
| His policy has always been: wait and see | *Qui vivra verra a toujours été sa politique* |
| It's not politically correct | *Ce n'est pas politiquement correct* |

### Module 493

| | |
|---|---|
| It's become very political | *C'est devenu une affaire de politique* |
| He pooh-poohed the idea | *Il a rejeté l'idée* |
| She was very much the poor relation | *C'était le parent pauvre* |
| Do you think he'll pop the question? | *Tu crois qu'il fera sa demande en mariage?* |
| I'm just popping out for a minute | *Je sors juste une minute* |
| He was poring over the book | *Il était plongé dans le livre* |
| You're getting to be a bit porky | *Tu deviens un peu rondelette* |
| Any port in a storm | *Nécessité fait loi* |

### Module 494

| | |
|---|---|
| I am not in a position to say | *Je ne suis pas en mesure de le dire* |
| The project has its possibilities | *Le projet a un certain potentiel* |
| I can't think what possessed him | *Je ne sais pas ce qui lui a pris* |
| Politics is the art of the possible | *La politique est l'art du possible* |
| He was chased from pillar to post | *Il était balloté de droite à gauche* |

| | |
|---|---|
| She's got plenty of potential | *Elle a un grand potentiel* |
| I pottered about all afternoon | *J'ai bricolé tout l'après midi* |
| It never rains but it pours | *Un malheur n'arrive jamais seul* |

### Module 495

| | |
|---|---|
| We must keep our powder dry | *Nous devons parer à toute éventualité* |
| She's the power behind the throne | *C'est l'éminence grise* |
| He's very fond of a practical joke | *Il aime bien blaguer* |
| She was always singing his praises | *Elle chantait toujours ses louanges* |
| You're being a bit premature aren't you? | *Tu vas un peu vite en besogne?* |
| He had the presence of mind to call the police | *Il a eu la présence d'esprit d'appeler la police* |
| He's not available at present | *Il n'est pas disponible pour l'instant* |
| He's no good under pressure | *Il n'est pas bon sous la pression* |

### Module 496

| | |
|---|---|
| He's just pretending | *Il fait simplement semblant* |
| He was left sitting pretty | *Il tenait le bon bout* |
| Well, that's the price you have to pay | *C'est le prix que tu as à payer* |
| She's very prim and proper | *Elle est très guindée* |
| You've caught me in my prime | *Tu me vois à mon apogée* |
| She's past her prime | *Elle est sur le retour* |
| I shall go as a matter of principle | *J'irai, c'est une question de principe* |
| I think it's no longer in print | *Je crois que l'édition n'est plus disponible* |

### Module 497

| | |
|---|---|
| I think he has private means | *Je crois qu'il a une fortune personnelle* |
| We belong to a privileged few | *On fait partie des privilégiés* |
| That's no problem at all | *Pas de problème* |
| We got lost in the process | *Nous avons perdu le fil* |
| Give him a prod, would you? | *Encourage-le un peu veux-tu?* |
| I don't profess to speak German | *Je ne prétends pas parler Allemand* |
| The alterations are in progress | *Les modifications sont en cours* |
| Things are looking promising | *C'est prometteur* |

### Module 498

| | |
|---|---|
| I promised myself a Spring holiday | *Je me suis promis de prendre des vacances de printemps* |
| He's prone to asthma | *Il a tendance à faire de l'asthme* |
| The proof of the pudding's in the eating | *On doit juger sur pièce* |
| You are a proper idiot | *Tu es un véritable idiot* |
| No man's a prophet in his own country | *Nul n'est prophète en son pays* |
| Things have got out of proportion | *Les choses ont pris des proportions démesurées* |

### Module 499

| | |
|---|---|
| What exactly do you propose? | *Et qu'est-ce que tu proposes exactement?* |
| Does the job offer prospects? | *Est-ce que ce boulot offre des débouchés?* |
| I'm doing it under protest | *Je le fais à contrecoeur* |
| They really did us proud | *Ils nous ont fait honneur* |

| | |
|---|---|
| I'll come provided he does | *Je viendrai à condition qu'il vienne aussi* |
| There's a policeman on the prowl | *Il y a un policier qui fait le guet* |
| We must take account of public opinion | *Nous devons tenir compte de l'opinion publique* |

## Module 500

| | |
|---|---|
| Why are you pulling that face? | *Pourquoi fais-tu cette tête là?* |
| You're pulling my leg | *Tu te fiches de moi* |
| He's not pulling his weight | *Il n'y met pas du sien* |
| You did that on purpose | *Tu l'as fait exprès* |
| He will do anything in pursuit of fame | *Il ferait n'importe quoi pour devenir célèbre* |
| I'm afraid I'm rather pushed for time | *Désolé mais je n'ai pas le temps* |
| He's horribly pushy | *Il est terriblement persistant* |
| She's just putting on an act | *Elle fait son numéro* |

## Module 501

| | |
|---|---|
| He felt he was being put upon | *Il avait la sensation de se faire avoir* |
| She was putty in his hands | *Elle lui mangeait dans le creux de la main* |
| Do you have any qualms about doing it? | *Avez-vous des scrupules?* |
| That would be a quantum leap for us | *Ça nous avancerait énormément* |
| I have no quarrel with your argument | *Je n'ai rien à y redire* |
| What do you think of the living quarters? | *Qu'est-ce que tu penses du logement?* |
| I'm afraid I'm feeling a bit queasy | *Je suis désolé mais j'ai mal au coeur.* |

| | |
|---|---|
| I don't want to queer your pitch | *Je ne voudrais pas empiéter sur tes plates-bandes* |

### Module 502

| | |
|---|---|
| He's in quest of perfection | *Il recherche la perfection* |
| It's certainly not out of the question | *Ce n'est surement pas hors de question* |
| It's a question of whether there is time enough | *Le tout est de savoir s'il y a assez de temps* |
| I think his motives are questionable | *Je pense que ses intentions sont discutables* |
| I'm not going to quibble about the price | *Je ne vais pas chipoter sur le prix* |
| Let's have a quick one | *Buvons un petit coup en vitesse* |
| He's very quick-witted | *C'est un rapide* |
| Be quiet please! | *Silence s'il vous plaît* |

### Module 503

| | |
|---|---|
| He did it on the quiet | *Il l'a fait en douce* |
| There were quite a few people at the match | *Il y avait pas mal de monde au match* |
| He gave him a rabbit punch | *Il lui a fait le coup du lapin* |
| It's a race against time | *C'est une course contre la montre* |
| They never stopped ragging him | *Ils n'arrêtaient pas de le mettre en boîte* |
| Football is all the rage | *Le football fait fureur* |
| I think she's gone off the rails | *Je crois qu'elle est déboussolée* |
| It never rains but it pours | *Un malheur n'arrive jamais seul* |

## Module 504

| | |
|---|---|
| I'm putting it away for a rainy day | *Je mets ça de côté pour les mauvais jours* |
| It was difficult to raise a laugh | *Il était difficile de provoquer le rire* |
| I was trying to raise their spirits | *J'essayais de leur remonter le moral* |
| I think I'll go for a ramble | *Je crois que je vais faire une randonnée* |
| He didn't foresee all the ramifications | *Il n'avait pas prévu toutes les complications* |
| She picked them out at random | *Elle les a tirés au hasard* |
| They must have paid a king's ransom | *Ils ont dû payer les yeux de la tête* |
| Let him take the rap | *Laissez-le payer les pots cassés* |

## Module 505

| | |
|---|---|
| That was a bit of a rash decision | *C'était une décision un peu hâtive* |
| Let's opt out of the rat race | *Quittons cette vie de fou* |
| We're going to be late at this rate | *À ce rythme là on va être en retard* |
| I think it's just sabre-rattling | *C'est simplement une tentative d'intimidation* |
| She got a very raw deal from her employers | *Ses employeurs ne lui avaient pas fait de cadeaux* |
| I think there may be a ray of hope | *Je pense qu'il y a peut-être une lueur d'espoir* |
| It was just out of reach | *C'était hors de portée* |

## Module 506

| | |
|---|---|
| He's very well read | *Il est très cultivé* |
| Reading between the lines, he's finished | *Si on lit entre les lignes, il est fichu* |

Modules 504 – 508

| | |
|---|---|
| I'm ready to pack it in | *Je suis prêt à abandonner* |
| This time it's the real thing | *Cette fois-ci c'est pour de bon* |
| Really! I'm surprised at you | *Vraiment? Tu m'étonnes* |
| And now she'll have to reap the consequences | *Et maintenant il faudra qu'elle en assume les conséquences* |
| He'll fail – it stands to reason | *De toute évidence il échouera* |

### Module 507

| | |
|---|---|
| Will we ever get him to see reason? | *Est-ce qu'on lui fera jamais entendre raison?* |
| As usual, I shall be on the receiving end | *Comme d'habitude c'est moi qui vais en faire les frais* |
| His latest film has had a bad reception | *Son dernier film a été mal accueilli* |
| It's a recipe for disaster | *C'est voué à l'échec* |
| I reckon he'll have gone out | *D'après moi il sera sorti* |
| He's a force to be reckoned with | *Il ne faut pas le sous-estimer* |
| For the record, I'll be out Tuesday | *Pour mémoire, je serai absent mardi* |

### Module 508

| | |
|---|---|
| Off the record, I think he's being very foolish | *Entre nous, je pense qu'il est bien bête* |
| He set out to redress the balance | *Il s'est efforcé à rétablir l'équilibre* |
| He sent her reeling | *Il l'a vraiment perturbée* |
| Will you give me a reference? | *Tu me fourniras une référence?* |
| It reflects badly on him | *Cela le montre sous un mauvais jour* |
| Let's just reflect for a moment | *Réfléchissons un instant* |

| | |
|---|---|
| She has very quick reflexes | *Elle a de bons réflexes* |
| He spoke with refreshing honesty | *Il parlait avec une honnêteté rafraîchissante* |

### Module 509

| | |
|---|---|
| He made him an offer he couldn't refuse | *Il lui a fait une offre qu'il n'a pas pu refuser* |
| He's regarded as the expert on the subject | *Il est considéré comme un spécialiste en la matière* |
| I think we shall carry on regardless | *Je crois que nous allons continuer coûte que coûte* |
| At first it didn't register | *Au premier abord ça n'a pas fait tilt* |
| I think we'll need to keep a tight rein on him | *Je crois qu'il va falloir lui serrer la vis* |
| I don't relish the thought of staying the night | *L'idée de rester ici cette nuit ne me dit rien* |

### Module 510

| | |
|---|---|
| She seems very remote these days | *Elle a l'air très distante actuellement* |
| I think I'm repeating myself | *J'ai l'impression que je me répète* |
| That's a relief! | *Quel soulagement!* |
| I'd like a progress report | *Je voudrais un rapport sur l'avancement des travaux* |
| Her behaviour was beyond reproach | *Son attitude était irréprochable* |
| I'm resigned to staying indoors | *Je suis résigné à rester à l'intérieur* |
| I can resist anything but temptation | *Je peux résister à tout sauf à la tentation* |

## Module 511

| | |
|---|---|
| What are your New Year's resolutions? | *Quelles sont tes résolutions pour la nouvelle année?* |
| As a last resort you could stay at my place | *En dernier ressort tu pourras rester chez moi* |
| We were left to our own resources | *Nous n'avons pu compter que sur nous-mêmes* |
| With great respect, I think you're wrong | *Avec tout le respect que je te dois, je pense que tu as tort* |
| In many respects | *À bien des égards* |
| Let me set your mind at rest | *Laisse-moi te rassurer* |

## Module 512

| | |
|---|---|
| What will you give us in return? | *Qu'est-ce que tu nous donneras en échange?* |
| His statement was very revealing | *Son propos était très révélateur* |
| This sauce is revolting | *Cette sauce est infecte* |
| That's a bit rich coming from you | *Venant de toi, c'est un comble* |
| She's an object of ridicule | *Elle est un objet de risée* |
| He's the right man for the job | *C'est l'homme de la situation* |
| Most right-minded people would agree | *Toute personne sensée serait d'accord* |
| What a rigmarole! | *Quel cinéma!* |

## Module 513

| | |
|---|---|
| That has a ring of truth | *Ça sonne juste* |
| She ran rings round him | *Elle le battait à plate couture* |

| | |
|---|---|
| I hope he'll rise to the occasion | *J'espère qu'il sera à la hauteur* |
| You can do it at your own risk | *Vous pouvez le faire, mais à vos propres risques* |
| I'm not going to take the risk | *Je ne vais pas prendre le risque* |
| He's made a rod for his own back | *Il a donné des verges pour se faire battre* |
| Can one get there by road? | *On peut y aller par la route?* |

### Module 514

| | |
|---|---|
| Get out of the road please! | *Merci de dégager la route* |
| She romped home | *Elle y est arrivée très facilement* |
| There's no room to swing a cat | *C'est grand comme un mouchoir de poche* |
| Do you think they'll put down roots? | *Tu crois qu'ils vont prendre racine?* |
| Can I rope you in to help? | *Tu nous donnes un coup de main?* |
| The future doesn't look too rosy | *L'avenir n'a pas l'air très rose* |
| He talks a lot of rot | *Il raconte des balivernes* |
| I'm feeling really rotten | *Je ne me sens vraiment pas bien* |

### Module 515

| | |
|---|---|
| I'm afraid it's a bit rough-and-ready | *J'ai bien peur que ce ne soit un peu rudimentaire* |
| It's true, roughly speaking | *En gros, c'est vrai* |
| That's a round about way of saying no | *C'est une façon détournée de dire non* |
| She was away three weeks in a row | *Elle s'est absentée trois semaines de suite* |
| Their plans were in ruins | *Leurs projets étaient détruits* |

| | |
|---|---|
| Have you heard the rumour? | *Avez-vous entendu le bruit qui court?* |
| He's always running his son-in-law down | *Il casse toujours du sucre sur le dos de son gendre* |

### Module 516

| | |
|---|---|
| Can you give me a run-down on the situation? | *Tu peux me résumer la situation?* |
| We ran up against a lot of difficulties | *Nous avons traversé beaucoup de difficultés* |
| I'm in a bit of a rush | *Je suis un peu pressé* |
| Let's be on the safe side | *Restons prudents* |
| I think there is safety in numbers | *Je pense que plus on est nombreux, moins on court de risques* |
| I had to listen to the whole saga | *J'ai dû l'écouter me raconter tout de long en large* |

### Module 517

| | |
|---|---|
| That was in my salad days | *Ça date de ma jeunesse* |
| All the same, he's right you know | *Quand même, il a raison vous savez* |
| Same here! | *Et moi de même!* |
| We were crammed in like sardines | *On était serrés comme des sardines* |
| I'm saving for a rainy day | *Je garde une poire pour la soif* |
| We must try to save appearances | *Il faut que l'on essaye de sauver les apparences* |
| It is said that he won't be there | *On dit qu'il ne sera pas là* |

## Module 518

| | |
|---|---|
| He doesn't have much to say for himself | *Il n'a pas grand chose à dire pour sa défense* |
| Say the word and I'll be gone | *Dis-moi de partir et je partirai* |
| He's a liar when all is said and done | *Après tout, c'est un menteur* |
| He was scarred for life | *Il était marqué à vie* |
| I scarcely know him | *Je le connais à peine* |
| I don't scare easily | *Je n'ai pas facilement peur* |
| He did a lot of work behind the scenes | *Il a beaucoup travaillé sans qu'on le sache* |
| He was a teacher of the old school | *C'était un professeur de la vieille école* |

## Module 519

| | |
|---|---|
| She was a bit schoolmistressy | *Elle faisait un peu maîtresse d'école* |
| It was beyond the scope of research | *Ça allait au delà de la recherche même* |
| Stop trying to score points all the time | *Arrête de toujours essayer d'avoir le dessus* |
| He has only scratched the surface of the problem | *Il a seulement commencé à effleurer le problème* |
| I think we'll just about scrape by | *Je crois que l'on va tout juste s'en tirer* |
| I think he's got a screw loose | *Je crois qu'il lui manque une case* |
| He's driving by the seat of his pants | *Il conduit au jugé* |

## Module 520

| | |
|---|---|
| Please take a seat | *Je vous en prie, asseyez-vous* |
| She was sworn to secrecy | *On lui avait fait jurer le secret* |
| I think she's seen better days | *Je crois qu'elle a connu de meilleurs jours* |

| | |
|---|---|
| I must be seeing things | *Je dois avoir des hallucinations* |
| Let me see: would three o'clock do? | *Voyons voir, serez-vous là à trois heures?* |
| I think we should wait and see | *Je crois que l'on devrait attendre de voir ce qui va se passer* |
| We went to London to seek our fortune | *Nous sommes allés à Londres pour faire fortune* |

## Module 521

| | |
|---|---|
| He can't seem to understand | *Il n'a pas l'air de comprendre* |
| We must seize the moment | *Saisissons l'instant* |
| They seized the opportunity | *Ils ont sauté sur l'occasion* |
| She's her old self again | *Elle est redevenue elle-même* |
| I'm not really sold on the idea | *Je ne suis pas vraiment convaincu par cette idée* |
| I send you all my love | *Avec tout mon amour* |

## Module 522

| | |
|---|---|
| He was three years his senior | *Il était de trois ans son aîné* |
| It's time you came to your senses | *Il serait temps que tu reprennes tes esprits* |
| I have a very bad sense of direction | *J'ai un très mauvais sens de l'orientation* |
| Try to be sensible for once | *Pour une fois essaye d'être raisonnable* |
| I can't make sense of this statement | *Pour moi cette déclaration n'a pas de sens* |
| She's under sentence of death | *Elle est condamnée à la peine de mort* |
| There was a series of robberies | *Il y a eu une série de cambriolages* |
| You can't be serious! | *Tu n'es pas sérieux!* |

### Module 523

| | |
|---|---|
| These should serve the purpose | *Ceux-ci devraient faire l'affaire* |
| I must get my car serviced | *Il faut que je fasse faire la révision de ma voiture* |
| She had set her heart on it | *Elle l'a voulu à tout prix* |
| He's very set in his ways | *Il a des idées bien arrêtées* |
| He set out to be rude | *Il avait l'intention d'être impoli* |
| The house is set in beautiful grounds | *La maison est située dans un parc magnifique* |
| I just can't settle | *Je n'arrive pas à me calmer* |

### Module 524

| | |
|---|---|
| He treated him very shabbily | *Il l'a traité de façon très mesquine* |
| He's the shadow of his former self | *Il n'est plus que l'ombre de lui-même* |
| I'll be with you in a shake | *Je serai avec vous en moins de deux* |
| It was clearly sharp practice | *C'était sans aucun doute une pratique déloyale* |
| I think she's shielding him | *Je crois qu'elle le couvre* |
| He can certainly shift | *Il est rapide comme l'éclair* |
| I rather took a shine to him | *Je me suis entiché de lui* |
| You mustn't shirk your responsibilities | *Tu ne dois pas fuir tes responsabilités* |

### Module 525

| | |
|---|---|
| I think shock tactics are necessary | *Je pense qu'une méthode de choc est nécessaire* |
| Please keep it short | *Sois bref s'il te plaît* |

| | |
|---|---|
| I'll make sure they never go short | *Je ferai en sorte qu'ils ne manquent jamais de rien* |
| That's fine in the short term | *Ça va à court terme* |
| I'll join you shortly | *Je viendrai te rejoindre sous peu* |
| Isn't that being rather short-sighted? | *Ceci ne manque-t-il pas un peu de perspective?* |

### Module 526

| | |
|---|---|
| There's a shortage of food | *Il y a une pénurie alimentaire* |
| That was one of his shortcomings | *C'était un de ses défauts* |
| I arrived shortly before him | *Je suis arrivé juste avant lui* |
| It's a bit of a shot in the dark | *C'est un peu comme donner un coup d'épée dans l'eau* |
| She needs a shoulder to cry on | *Elle a besoin d'une épaule pour pleurer* |
| Don't keep shouting me down | *Arrête de me crier dessus* |
| I think we should show mercy | *Je crois que nous devrions faire preuve de clémence* |

### Module 527

| | |
|---|---|
| There was nothing to show for his efforts | *Il a fait des efforts et tout ça pour rien* |
| We mustn't shrink from acting | *Nous ne devons pas hésiter à agir* |
| I shudder to think how much it cost | *J'ai des frissons rien que de penser au coût* |
| The death toll is sickening | *Le nombre de victimes donne la nausée* |
| They were sitting side by side | *Ils étaient assis côte à côte* |
| You mustn't take sides | *Ne sois pas de parti pris* |

| | |
|---|---|
| It was an unexpected side-effect | *C'était un effet secondaire inattendu* |
| I've a brain like a sieve | *Ma mémoire est une vraie passoire* |

### Module 528

| | |
|---|---|
| She's sifting through the evidence | *Elle passe les preuves au crible* |
| She sighed with relief | *Elle a poussé un soupir de soulagement* |
| I didn't recognize him at first | *Sur le coup, je ne l'ai pas reconnu* |
| Out of sight, out of mind | *Loin des yeux, loin du coeur* |
| You've lost sight of the plot | *Tu as perdu le fil* |
| It's a sign of the times | *C'est un signe des temps* |
| Silence is golden | *Le silence est d'or* |
| He entered the room in silence | *Il est entré silencieusement* |

### Module 529

| | |
|---|---|
| Ask a silly question, get a silly answer | *Question idiote, réponse idiote* |
| Don't be so silly | *Ne sois pas si stupide* |
| Please keep it simple | *Pas de fioritures s'il vous plaît* |
| I think it's simply daft | *À mon avis, c'est complètement stupide* |
| I've never seen him since | *Je ne l'ai jamais revu* |
| She's very single-minded | *Elle est très tenace* |
| We must sink or swim | *Nous devons nous en tirer coûte que coûte* |
| It hasn't yet sunk in properly | *Je n'ai pas encore réalisé* |

## Module 530

| | |
|---|---|
| She tends to shoot from the hip | *Elle a tendance à céder a l'impulsion* |
| I've got a sinking feeling he's been shot | *J'ai le préssentiment qu'il a été tué* |
| She was a sitting target | *C'était une cible facile* |
| Just sit back, relax, and enjoy it | *Assieds-toi, détends-toi et profites-en* |
| I was trying to size up the problem | *J'essayais de mesurer l'étendue du problème* |
| You need a thick skin to succeed | *Il faut avoir la peau dure pour réussir* |
| I was absolutely soaked to the skin | *J'étais trempé jusqu'aux os* |
| He was slap in the middle | *Il était au beau milieu* |

## Module 531

| | |
|---|---|
| Prices have gone sky-high | *Les prix ont grimpé* |
| Prices have been slashed | *On a cassé les prix* |
| Tomorrow morning I shall sleep in | *Demain matin je ferai la grasse matinée* |
| We had to put our dog to sleep | *On a dû faire piquer notre chien* |
| That was a slice of luck! | *C'était un coup de chance* |
| He let things slide | *Il a laissé les choses aller à la dérive* |
| Do you mind? Not in the slightest | *Ça t'embête? Pas le moins du monde* |
| She was just a slip of a thing | *C'était un tout petit bout de bonne femme* |

## Module 532

| | |
|---|---|
| Don't worry if you make a slip | *Ne t'inquiète pas si tu fais un impair* |
| He gave them the slip | *Il lui a faussé compagnie* |

| | |
|---|---|
| You're on a slippery slope | *Tu es sur la mauvaise pente* |
| His work was very slipshod | *Son travail était très peu soigné* |
| It was a hard slog | *C'était un gros effort* |
| It was a small price to pay | *Ce n'était pas cher pour ce que c'était* |
| I have a smattering of French | *Je sais quelques mots de français* |
| He smokes like a chimney | *Il fume comme un sapeur* |

## Module 533

| | |
|---|---|
| At that price they will be snapped up | *À ce prix là ils vont partir comme des petits pains* |
| I don't like him snooping around | *Je n'aime pas qu'il mette son nez partout* |
| I'm not so foolish as to agree to that | *Je ne suis pas assez stupide pour donner mon accord* |
| And so on and so forth | *Et ainsi de suite* |
| So I'm late, so? | *Je suis en retard, et alors?* |
| She told us a sob story | *Elle a essayé de nous apitoyer* |

## Module 534

| | |
|---|---|
| I have a soft spot for the old fellow | *J'ai un faible pour ce brave type* |
| I think we need to soft-pedal | *Je crois qu'il faut que nous mettions la pédale douce* |
| We must show solidarity | *Nous devons nous montrer solidaire* |
| Somehow I think he won't come | *Pour une raison ou une autre je pense qu'il ne viendra pas* |
| Something or other's happened to the postman | *Il est arrivé quelque chose au facteur* |

| | |
|---|---|
| Don't make a song and dance about it | *Il ne faut pas en faire toute une histoire.* |

## Module 535

| | |
|---|---|
| Am I right? Sort of | *J'ai raison? En quelque sorte* |
| We need to address the problem at source | *Il faut prendre le problème à la racine* |
| He didn't spare himself | *Il ne s'est pas ménagé* |
| There's been a spate of crimes in the city | *Il y a eu une recrudescence de crimes en ville* |
| Actions speak louder than words | *Les actions parlent plus fort que les mots* |
| I can't speak for anyone else | *Je ne peux pas parler au nom d'un autre* |
| Could you please speak up? | *Tu peux parler plus fort s'il te plaît?* |
| Two hundred, roughly speaking | *Deux cents, en gros* |

## Module 536

| | |
|---|---|
| Could you be a bit more specific? | *Tu pourrais être un peu plus précis?* |
| He's a very odd specimen | *C'est un drôle d'oiseau* |
| We shouldn't speculate | *On ne devrait pas spéculer* |
| Speech is silver, silence is golden | *La parole est d'argent, le silence est d'or* |
| I was absolutely speechless | *Je suis resté sans voix* |
| More haste less speed | *Qui va lentement va sûrement* |
| I think we should speed up the process | *Je crois que l'on devrait accélérer le processus* |

### Module 537

| | |
|---|---|
| It's outside my sphere of influence | *C'est en dehors de ma sphère d'influence* |
| She's just had a really nasty spill | *Elle vient juste de faire une mauvaise chute* |
| She was in spitting distance of a world record | *Elle était à deux doigts du record mondial* |
| In spite of a severe cold he nevertheless came | *En dépit d'un mauvais rhume, il est venu* |
| They decided to make a splash | *Ils ont décidé de faire sensation* |
| He has a tendency to split hairs | *Il a tendance à couper les cheveux en quatre* |
| I have a splitting headache | *J'ai un affreux mal de tête* |
| He has rather a split personality | *Il a une double personnalité* |

### Module 538

| | |
|---|---|
| We're in a difficult spot | *On est dans une situation difficile* |
| You're in the spotlight now | *Tous les projecteurs sont braqués sur vous maintenant* |
| News spreads quickly | *Les nouvelles vont vite* |
| Fame is the spur | *La célébrité est un aiguillon* |
| Do you think you got a square deal? | *Tu crois que tu as obtenu un prix équitable?* |
| We're right back to square one | *On se retrouve à la case départ* |
| It'll be a squash to get five in the car | *Il va falloir se serrer pour rentrer cinq personnes dans la voiture* |

### Module 539

| | |
|---|---|
| Her condition is stable | *Son état est stationnaire* |

| | |
|---|---|
| He's going through a difficult stage | *Il traverse une phase difficile* |
| There was a lot at stake | *Il y avait beaucoup en jeu* |
| There's stalemate with the unions | *On est arrivé à une impasse avec les syndicats* |
| The plan has somewhat stalled | *Le projet est au point mort* |
| We must stamp on cheating | *Il faut mettre un terme à la tricherie* |
| It stands to reason | *Ça va de soi* |
| I can't stand the noise | *Je ne peux pas supporter le bruit* |

### Module 540

| | |
|---|---|
| I can't stand by and just let it happen | *Je ne peux pas rester là sans rien faire* |
| He must stand his ground | *Il doit rester ferme sur sa position* |
| She won't stand for disobedience | *Elle ne tolérera aucune désobéissance* |
| Please don't stand over me all the time | *Ne regarde pas tout le temps ce que je suis en train de faire* |
| It's time we took a stand | *Il serait temps que nous prenions position* |
| She's a standing joke | *Elle est la risée de tous* |
| He won a standing ovation | *Il a eu droit à une ovation* |

### Module 541

| | |
|---|---|
| We were left with a stark choice | *Il nous est resté un choix difficile à faire* |
| Well, it's a start at any rate | *Eh bien en tout cas, c'est un début* |
| She felt starved of affection | *Elle se sentait privée d'affection* |
| A car is a status symbol | *La voiture est un signe extérieur de richesse* |
| Can I stay the night? | *Je peux rester ici cette nuit?* |

| | |
|---|---|
| I doubt if he'll stay the course | *Je doute qu'il tienne le coup* |
| I think we should stay put | *Je crois que nous devrions rester tranquille* |
| I don't want to steal your thunder | *Je ne voudrais pas vous éclipser* |

## Module 542

| | |
|---|---|
| The project is running out of steam | *Le projet s'essouffle* |
| Obesity stems from eating too much | *L'obésité est causée par des excès de table.* |
| We'll be all right so long as we stick together | *Tout ira bien à condition que l'on se serre les coudes* |
| I was scared stiff | *J'étais mort de peur* |
| He stifled a yawn | *Il s'est retenu de bailler* |
| There's no stigma attached to it | *Il ne faut pas stigmatiser* |
| He kept us in stitches | *Il nous a fait mourir de rire* |

## Module 543

| | |
|---|---|
| We must take stock of the situation | *Nous devons faire le point sur la situation* |
| She left no stone unturned | *Elle a remué ciel et terre* |
| I didn't think he'd stoop so low | *Je ne croyais pas qu'il tomberait si bas* |
| I must set the record straight | *Je dois mettre les choses au point* |
| He'll stop at nothing to succeed | *Rien ne l'arrêtera pour réussir* |
| As such, it was quite a success | *C'était un succès en soi* |
| You're welcome to it, such as it is | *Je te le laisse, tel qu'il est* |
| All of a sudden he left the room | *Tout d'un coup il a quitté la pièce* |

## Module 544

| | |
|---|---|
| Food is in very short supply | *Il y a une pénurie alimentaire* |
| He came out in support of the farmers | *Il est venu soutenir les fermiers* |
| Don't keep us in suspense! | *Ne nous laisse pas dans l'attente* |
| It's swings and roundabouts | *Ce qu'on gagne d'un côté, on le perd de l'autre* |
| The union came out in sympathy | *Le syndicat a marqué son soutien* |
| We have a tail wind | *Nous avons le vent en poupe* |
| Take no notice of him | *Ne t'occupe pas de lui* |
| Do you think he has what it takes? | *Tu crois qu'il a les capacités nécessaires?* |

## Module 545

| | |
|---|---|
| I think we can take that as read | *Je crois que c'est un fait entendu* |
| We should take heart from his success | *On devrait s'inspirer de son succès* |
| He'll quit, you can take it from me | *Il abandonnera, c'est moi qui vous le dis* |
| The plan is beginning to take shape | *Le plan commence à prendre tournure* |
| I shudder to think! | *Je frémis d'avance!* |
| Perhaps we should talk the matter over | *Peut-être que nous devrions en parler* |
| She was talking to herself | *Elle parlait tout seul* |
| Listen to who's talking! | *Écoutez-moi ça!* |

## Module 546

| | |
|---|---|
| It was in very bad taste | *C'était de très mauvais goût* |
| They lack team spirit | *Ils n'ont pas l'esprit d'équipe* |

| | |
|---|---|
| She's a bit of a tease | *Elle est un peu moqueuse* |
| There's been a technical hitch | *Il y a eu un problème technique* |
| You just never can tell | *On ne sait jamais* |
| There's no telling what may happen next | *On ne peut pas dire ce qui va arriver ensuite* |
| I can resist anything but temptation | *Je peux résister à tout sauf à la tentation* |

## Module 547

| | |
|---|---|
| Stay on good terms with your neighbours | *Reste en bons termes avec tes voisins* |
| I've got my father to thank for that | *Je le dois à mon père* |
| He disappeared just like that | *Il a disparu comme par enchantement* |
| That's more like it! | *À la bonne heure, c'est beaucoup mieux!* |
| So then, we meet again | *Tiens, voilà qu'on se retrouve* |
| I'm going to the party, so there | *Je vais à la fête, na!* |
| Two hundred or thereabouts | *Deux cents à peu de chose près* |
| You've got to be thick-skinned to survive | *Il faut avoir la peau dure pour survivre* |

## Module 548

| | |
|---|---|
| He vanished into thin air | *Il a disparu dans la nature* |
| The thing is, I can't swim | *Le fait est que je ne sais pas nager* |
| I was just thinking aloud | *Je pensais à voix haute* |
| I must think the matter over | *Il faut que j'y réfléchisse* |
| This much I do know | *Ça je le sais* |
| He was a thorn in her flesh | *C'était sa bête noire* |

| | |
|---|---|
| I must give some thought to it | *Il faut que j'y pense* |
| He was short-listed | *Il était parmi les candidats selectionnés pour le poste* |

### Module 549

| | |
|---|---|
| Time is getting short | *Il ne nous reste plus beaucoup de temps* |
| They make a show of their wealth | *Ils exhibent leur richesse* |
| He tried to throw off his bad mood | *Il a essayé de se débarrasser de sa mauvaise humeur* |
| She's very tight-fisted | *Elle a les doigts crochus* |
| He arrived ahead of time | *Il est arrivé en avance* |
| At one time he swam for England | *À une époque il nageait pour l'Angleterre* |
| We were at school together | *On était à l'école ensemble* |

### Module 550

| | |
|---|---|
| I'm feeling on top of the world | *Je suis aux anges* |
| It's absolutely top secret | *C'est top secret* |
| He has total recall | *Il se souvient de tout dans les moindres détails* |
| Don't let's lose touch | *Restons en contact* |
| My brother's a soft touch | *Mon frère est une bonne pâte* |
| I'm still awake, touch wood | *Je suis toujours éveillé, touchons du bois* |
| We'll just have to tough it out | *On devra tenir bon* |
| They really went to town on the decorations | *Ils ont vraiment fait fort pour les décorations* |

## Module 551

| | |
|---|---|
| He was stopped in his tracks | *Il s'est arrêté en plein élan* |
| He was a trail-blazer in his field | *C'était un pionnier dans son domaine* |
| I think the order is in transit | *Je crois que la commande est en transit* |
| For the time being we must tread water | *Pour l'instant il faut que nous piétinions* |
| She was there in a trice | *Elle était là en moins de deux* |
| He behaved true to form | *Il s'est comporté comme il le fallait* |
| I'm afraid I don't trust him | *Je n'ai pas confiance en lui* |
| He really is very trying | *Il est vraiment fatigant* |

## Module 552

| | |
|---|---|
| She sings out of tune | *Elle chante faux* |
| His problem is tunnel vision | *Le problème est qu'il a des oeillères* |
| All right, if you twist my arm | *D'accord, si tu me forces la main* |
| He's late. Typical! | *Il est en retard. C'est tout lui!* |
| The verdict was unanimous | *Le verdict a fait l'unanimité* |
| We were caught unawares | *On nous a pris au dépourvu* |
| I remain unconvinced | *Je reste perplexe* |
| I think we understand each other | *Je crois que l'on se comprend* |

## Module 553

| | |
|---|---|
| The afternoon was uneventful | *L'après midi était calme* |
| She made an unguarded remark | *Elle a fait une remarque sans réfléchir* |
| She did it unknown to her mother | *Elle l'a fait sans que sa mère le sache* |

Modules 551 – 555

| | |
|---|---|
| His latest novel is unputdownable | *Son dernier roman se lit d'une seule traite* |
| I didn't know until he told me | *Je ne le savais pas jusqu'à ce qu'il me le dise* |
| Let's just unwind for half an hour | *Relaxons-nous pendant une demi-heure* |
| Sales are on the up and up | *Les ventes ne cessent d'augmenter* |
| He's the up-and-coming pop singer | *C'est un chanteur qui monte* |

### Module 554

| | |
|---|---|
| She was very upbeat about it all | *Elle était très optimiste sur tout* |
| I found it very upsetting | *Ça m'a bouleversé* |
| There were upwards of two hundred there | *Il n'y en avait pas moins de deux cents* |
| I have no use for whingers | *Les pleurnicheurs ne me sont d'aucune utilité* |
| I saw the utter stupidity of it | *J'ai vu à quel point c'était stupide* |
| All is vanity sayeth the preacher | *Vanité, tout est vanité* |
| I won't tolerate veiled threats | *Je ne tolérerai pas de menaces déguisées* |

### Module 555

| | |
|---|---|
| Do you think he'll veto it? | *Tu crois qu'il mettra son véto ?* |
| He got a lot of vicarious pleasure out of it | *Il en a tiré un malin plaisir* |
| He was victim of a confidence trick | *Il a été victime d'une escroquerie* |
| She saved up with a view to going to France | *Elle a fait des économies afin d'aller en France* |
| I heard it on the grape-vine | *Je l'ai entendu par ouï-dire* |

| | |
|---|---|
| He got the job by virtue of his experience | Il a obtenu son emploi en vertu de son expérience |

### Module 556

| | |
|---|---|
| It was in vogue in the thirties | C'était en vogue dans les années 1930 |
| I can't vouch for his competence | Je ne peux me porter garant de sa compétence |
| It's a case of the tail wagging the dog | C'est le monde à l'envers |
| Wait for it, wait for it | Minute papillon |
| Just you wait! | Attends un peu! |
| It was a walkover | C'était du gâteau |
| He wants for nothing | Il ne manque de rien |
| I'm warming up for the match | Je m'échauffe avant le match |

### Module 557

| | |
|---|---|
| She's put on her war paint | Elle s'est peinturlurée |
| The headmaster's on the warpath | Le proviseur est sur le pied de guerre |
| It made my mouth water | Ça m'a mis l'eau à la bouche |
| We're on the same wavelength | On est sur la même longueur d'onde |
| Oh, by the way, I forgot to tell you | Oh au fait, j'ai oublié de te dire… |
| Things are in a very bad way | Les choses vont très mal |
| In a weak moment I agreed | Dans un moment de faiblesse j'ai donné mon accord |

### Module 558

| | |
|---|---|
| The effect wears off very quickly | L'effet s'estompe rapidement |
| I'm weighed down with worries | Je croule sous les soucis |

| | |
|---|---|
| He's a great one for throwing his weight around | *Il s'y croit* |
| We were made very welcome | *On a été accueilli à bras ouverts* |
| We were well and truly beaten | *On a bel et bien été vaincus* |
| She was wet through | *Elle était trempée jusqu'à l'os* |
| OK for you, but what about me? | *C'est bon pour toi et moi alors?* |
| Whatever happens, you must ring me | *Quoi qu'il se passe, appelle-moi* |

### Module 559

| | |
|---|---|
| Whereabouts do you come from? | *D'où viens-tu?* |
| For a while there was silence | *Pendant un instant il y a eu un silence* |
| I don't know whether he's here or not | *Je ne sais pas s'il est ici ou pas* |
| My mind is in a whirl | *La tête me tourne* |
| It was a complete whitewash | *C'était une véritable mise en scène* |
| Whoever heard of such a thing! | *Qui n'a jamais entendu un truc pareil?* |
| You must explain the whys and wherefores | *Il faut que tu expliques le pourquoi et le comment* |

### Module 560

| | |
|---|---|
| He went into it eyes wide open | *Il y est allé en connaissance de cause* |
| The children have run wild | *Les enfants sont devenus incontrôlables* |
| The rumour spread like wildfire | *La rumeur s'est répandue comme une trainée de poudre* |
| Will you lock up? Will do | *Vous fermerez la porte? Pas de problèmes* |
| He was won over by his argument | *Il a été conquis par son argumentation* |

| | |
|---|---|
| She's just winding you up | *Elle te fait simplement marcher* |
| It's a pure windfall | *C'est une aubaine* |

### Module 561

| | |
|---|---|
| It gave me the chance to spread my wings | *Ça m'a permis de déployer mes ailes* |
| A wink is as good as a nod | *Pas besoin d'en dire plus* |
| She had very winning ways | *Elle savait comment s'y prendre* |
| With that he left the room | *Sur ce il a quitté la pièce* |
| I don't think I'm quite with you | *Je ne te suis pas* |
| He'll be back within the hour | *Il sera rentré d'ici une heure* |
| I think they'll throw him to the wolves | *Je crois qu'ils le jèteront dans la fausse aux lions* |

### Module 562

| | |
|---|---|
| I don't think he's out of the woods yet | *Je pense qu'il n'est pas encore sorti de l'auberge* |
| I think his thinking is rather woolly | *Je pense que son raisonnement est un peu vaseux* |
| He's not coming, take my word | *Fais-moi confiance, il ne viendra pas* |
| In other words he's not coming | *En d'autres termes, il ne vient pas* |
| She couldn't work it out | *Elle n'arrivait pas à comprendre* |
| She has a working knowledge of German | *Elle a des connaissances de base en Allemand* |

### Module 563

| | |
|---|---|
| He was a man of the world | *C'était un homme du monde* |
| Come on, do your worst! | *Allez, essaie un peu pour voir!* |

118

| | |
|---|---|
| I'll drive if worst comes to worst | *Dans le pire des cas je conduirai* |
| That's my opinion for what it's worth | *C'est ce que j'en pense, mais pour ce que j'en dis!* |
| We must keep our plans under wraps | *Nous ne devons pas dévoiler nos plans* |
| She was a nervous wreck | *Elle était à bout de nerfs* |
| Don't write him off yet | *Ne le mets pas encore au rancart* |

### Module 564

| | |
|---|---|
| I think the writing's on the wall for him | *Je crois que pour lui c'est un signe avant-coureur* |
| You've got hold of the wrong end of the stick | *Tu as mal compris* |
| Please don't get me wrong | *Comprenez-moi bien* |
| What are you yapping about? | *Qu'est-ce que tu racontes?* |
| On that point I won't yield | *Sur ce point, je ne céderai pas* |
| Just try to be yourself | *Essayez simplement d'être vous-même* |
| He was a footballer in his youth | *Dans sa jeunesse il était footballeur* |

### Module 565

| | |
|---|---|
| We're approaching zero hour | *C'est bientôt l'heure H* |
| We must zero in on illiteracy | *Nous devons nous concentrer sur l'analphabétisme* |
| He zipped past me | *Il m'a dépassé comme une flèche* |
| He immediately zoomed in on the matter | *Il a immédiatement fait un zoom sur la question* |

Translation is not an exact science. If you think you can improve a translation then email it to us at the address below. If we accept the improvement then we will list your name as a contributor in the next edition.

info@frenchbyrepetition.co.uk

Printed in Great Britain
by Amazon

42857644R00069